癌症生存者话运动康复

——我和郭林新气功的故事

林健 袁正平◎主编

人民体育出版社

图书在版编目（CIP）数据

癌症生存者话运动康复：我与郭林新气功的故事 / 林健，袁正平主编
. -- 北京：人民体育出版社，2020
ISBN 978-7-5009-5670-9

Ⅰ．①癌… Ⅱ．①林… ②袁… Ⅲ．①癌－气功疗法 Ⅳ．① R273.05

中国版本图书馆 CIP 数据核字 (2019) 第 225619 号

人民体育出版社出版发行
北京新华印刷有限公司印刷
新　华　书　店　经　销
*
787×1092　16 开本　15.75 印张　232 千字
2020 年 8 月第 1 版　2020 年 8 月第 1 次印刷
印数：1—10,000 册
*
ISBN 978-7-5009-5670-9
定价：80.00 元

社　址：北京市东城区体育馆路 8 号（天坛公园东门）
电　话：67151482（发行部）　　邮　编：100061
传　真：67151483　　邮　购：67118491
网　址：www.sportspublish.cn
（购买本社图书，如遇有缺损页可与邮购部联系）

序言

此次人民体育出版社和郭林新气功专业委员会以及多地癌症康复组织联合编写出版《癌症生存者话运动康复》一书，意义非常深远。这不仅仅是癌症生存者的群英谱，还有一点更主要的是给那些已经罹患癌症或潜在的癌症患者们展示生存者的亲身经历，揭示一种有效的康复方法，从而让更多人走向健康。

目前，仅仅在国内，每年就有新增癌症患者近四百万人，而全国各地每年的郭林新气功新增学员不足四万人，也就是说只有近百分之一的癌症患者在中西医治疗后有机会知道并练习郭林新气功。我们还需要大力宣传推广郭林新气功，让更多的癌症患者受益。我想这也是出版这本书的目的。

今年是世界医学气功学会成立三十周年，郭林新气功专业委员会是学会下属的三个专业委员会之一。我衷心地希望大家把郭林老师的名言“致力新气功，造福为人民”铭记在心，这不仅仅是一个善良的初心，更是每个人都应该坚持不懈地身体力行的。

祝本书成功出版发行！

高鹤亭

2019-10-25

Contents

目录

AIZHENG SHENGCUNZHE HUA YUNDONG KANGFU

第一章
院士寄语

消灭与改革并举

从 1863 年魏尔啸提出“癌的细胞起源”以来，一切努力都指向“消灭”癌细胞。于是陆续出现了癌的手术根治术、放射治疗、化学治疗和局部治疗……这些治疗导致了癌症疗效的提高。然而，癌的防治既需要重视局部的“消灭”，也需要重视整体的“改造”，以达到健身祛病的目的。《癌症生存者话运动康复》这本册子，提供了积极的心态、适度运动等办法的“整体改造”。不要小看这本册子所提供的“小打小闹”，它也是控癌战不可或缺的重要一环。因为癌症是全身心慢性疾病，持之以恒的“小打小闹”，就如同毛泽东所说：“游击战没有正规战争那样迅速的成效和显赫的名声，但是‘路遥知马力，日久见人心’，在长期和残酷的战争中，游击战争将表现其很大的威力，实在是非同小可的事业”。

我这样说，其实还是有一些根据的。

早在 2011 年，我就看到影响因子很高的《临床肿瘤学杂志》（JClin Oncol）有一篇文章说：“每周 3 小时以上适度运动，包括骑车、打网球、慢跑、游泳，可延长前列腺癌诊断后生存期”。

2014年，《参考消息》摘自美国《每日邮报》网站8月22日报道："每天步行1英里（约1.61千米），癌症死亡风险减半"。文章又说："按照每小时3英里（约4.83千米）的中等速度，每天一英里（约1.61千米）也就是每天要步行20分钟"。但是步行为什么能够降低癌症患者死亡风险，并没有说明。

到了2016年，我终于看到有关运动抑癌机制的报道，那是《细胞—代谢》（Cell Metab）的一篇文章，《参考消息》2016年2月20日也报道了这篇文章。文章说："锻炼可促进免疫系统对癌症发起攻击，防止新肿瘤增大，并减慢现有肿瘤的增长速度。"这是人类第一次发现自然杀伤细胞（NK细胞是一种免疫细胞）能直接参与攻击肿瘤。然而，肿瘤并没有因为锻炼而缩小，肿瘤仅仅增长得慢一些。

因此相信，肿瘤基本消灭后，适度运动有可能减少残癌，使之不能"再次捣乱"。不过还要强调一点，患了癌症，光靠适度运动是不够的，还需要首先设法消灭肿瘤的大部分，然后通过自身控癌能力来控制少量的残癌。这也就是我主张的"消灭与改革并举"的方针。

到这里，我们可以看到"改变生活方式"，尤其是适度运动是病人自己就能做到的、最靠得住的办法。如果我们能够在控癌战略上，由主要依靠"外源"，转变为"外源与内源相结合"，说不定局面会有很大改观，相信其业绩会更好。

预祝广大癌症患者从这本书中获益。

中国工程院院士 汤钊猷

2019年9月

非药胜药！运动防癌治癌半世纪风雨路

朱为模，院士 / 博士
美国伊利诺伊大学教授、博导

癌症！这个可怕的疾病正在成为人类的天敌，因为它每年在全世界“杀人”无数（在很多国家已俨然成为第二号杀手），让众多的家庭支离破碎，更让许多刚刚走出贫困的人群因癌重新返贫。

以美国为例，2019 年有近 180 万人被诊断为癌症（图 1），约有 60.7 万人，（即每分钟有 1 人），死于癌症（图 2、图 3）。

图 1 2019 年美国癌症发病率前三位（蓝色为男性、粉色为女性）

图 2 2019 年美国癌症形势

图 3 2019 年美国癌症致死率前三位（蓝色为男性、粉色为女性）

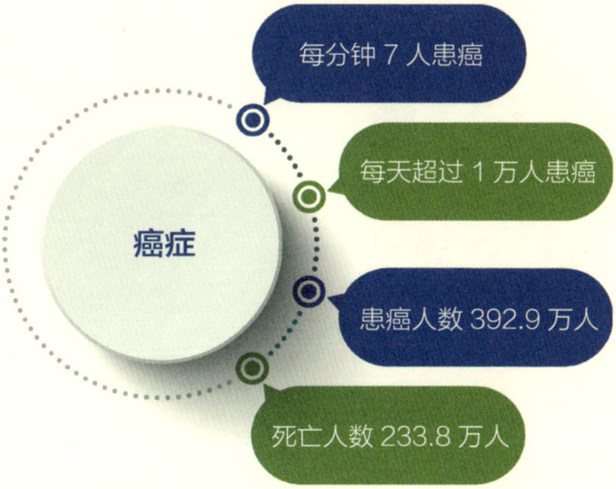

图 4 2015 年中国癌症形势

中国的癌症形势也是十分令人担忧。以 2015 年统计为例（图 4- 图 8），癌症被诊断人数为 392.9 万人，死于癌症的人更是高达 233.8 万。近十多年来，中国癌症发病率的增幅是每年 3.9%，死亡率的增幅是每年 2.5%(图 9)。

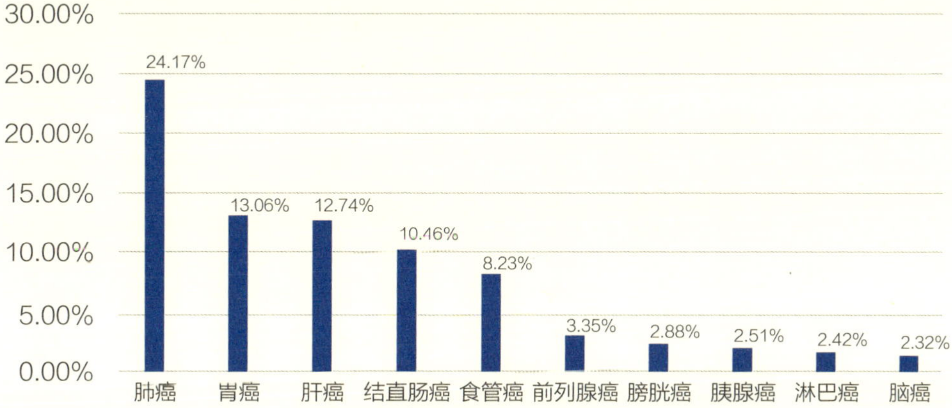

图 5 2015 年中国男性癌症发病率前十位

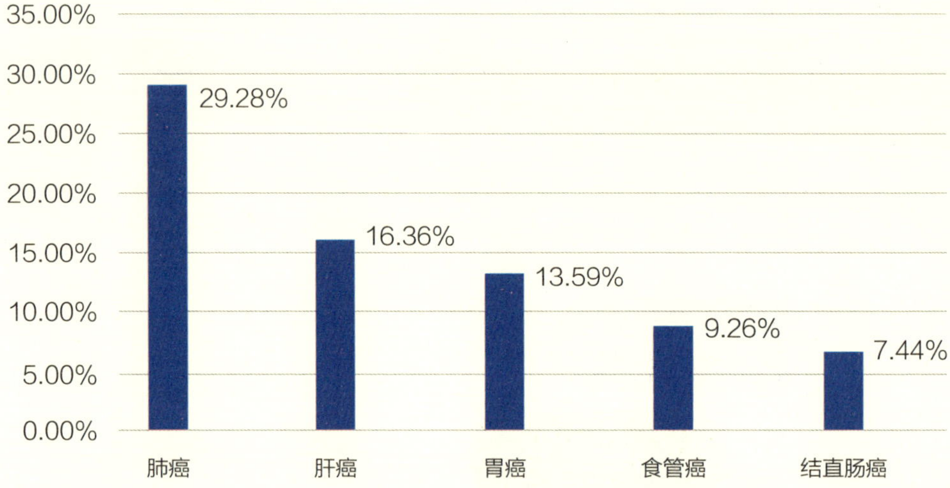

图 6　2015 年中国男性癌症致死率前五位

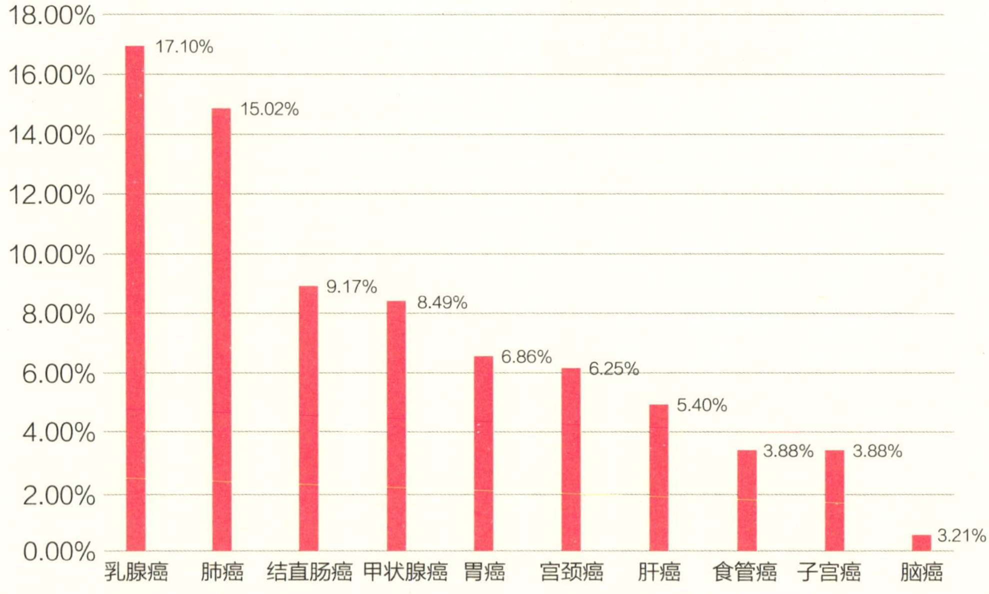

图 7　2015 年中国女性癌症发病率前十位

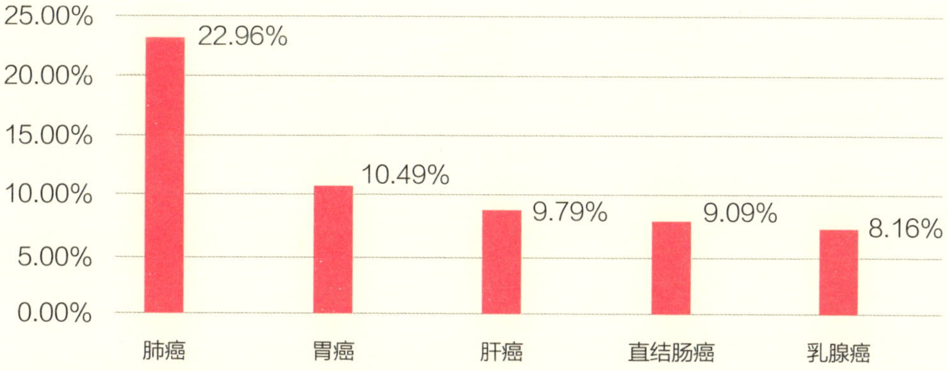

图 8　2015 年中国女性癌症致死率前五位

以上数据显示，2015 年中国癌症发病率男性最高的是肺癌，女性最高的乳腺癌，肺癌第二，但男女癌症致死率最高的均为肺癌。防治肺癌十万火急！此外，还有几种典型的男性癌症（如前列腺癌、膀胱癌）和女性癌症（如乳腺癌、宫颈癌、子宫癌）也需要格外注意。

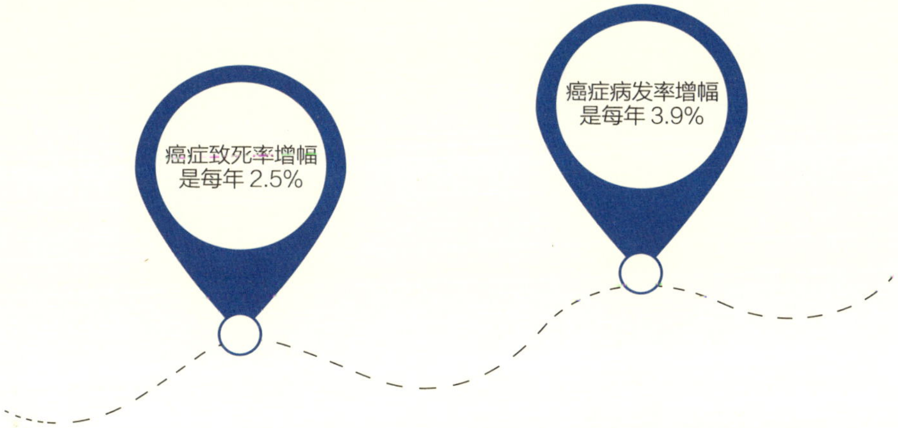

图 9　近 10 年中国癌症形势

面对这样一个人类的天敌，如果说有这样一颗“药”它可以：

- 预防癌症，降低 7%~38% 的患癌风险（Moore et al., 2016）
- 降低乳腺癌死亡率 50% (Holmes et al., 2005)
- 帮助和降低肛肠癌死亡率和复发率 (Meyerhardt et al., 2006)
- 降低 61% 的前列腺癌死亡风险 (Kenfield et al., 2011)
- 降低各种原因（包括癌症）死亡风险 33% (Hardee et al., 2014)
- 降低乳腺、肛肠及前列腺癌死亡率 37% (Friedenreich et al., 2016)
- 几乎可以完全抵消因为服用前列腺药物对骨密度带来的副作用 (Newton et al., 2018)

而且这颗药是不要钱的！你会相信吗?

可喜的是这样一颗“药”的确存在，它就是 **“运动”**！

运动（英文叫 exercise, 也可以翻译为“体育锻炼”）作为防治当今人类最可怕的疾病——癌症的良药或协同药已经被大量的国外科学研究佐证。表 1 列举的几本专著是目前国外对运动抗癌积极作用的最新认识。其实，国外用运动抗癌的历史并不很长。1981 年美国 Bowling Green 州立大学一位名叫 Linda Bueetner 的硕士研究生在她的论文中第一次提出应在癌症康复过程中加入运动，但她的论文并没有在学术研究杂志上发表。第一篇关于运动与癌症的研究发表于 1983 年，作者是 Mary Wirningham。在其后的几十年中，近千个用严谨的随机分组试验设计把运动当作药一样来研究的课题得以完成，为运动在癌症生存与康复中的积极作用提供了一批又一批扎实的科学数据。虽然这些研究还存在一定的不足（如运动形式多为有氧运动、研究周期较短等），但它们的完成已经令国外医学界对运动在癌症生存与康复中的重要性加以确认，并且让运动开始进入“医药 / 医疗”的殿堂进行实践。

表 1 国外运动抗癌专著

	作者	时间（年）	来源
ACSM's Guide to exercise and cancer survivorship（美国运动医学会癌症生存运动指南）	American College of Sports Medicine	2012	Champaign, IL&Human Kinetics
Integrating physical activity into cancer care: An evidence-based approach（体医融合的癌症治疗：循证方法）	Bernardo, L. M., Becker, B. J.	2017	Pittsburgh, PA: Oncology Nursing Society
Physical activity and cancer（体力活动与抗癌）	Courneya, K. S., Friedenreich, C. M.	2011	New York: Springer
Cancer prevention and management through exercise and weight control（通过运动和体重控制的癌症预防和管理）	McTiernan, A.	2006	New York: CRC Taylor & Francis
Exercise and cancer recovery（运动和癌症康复）	Schneider, C. M., Dennehy, C. A., & Carter, S. D.	2003	Champaign, IL&Human Kinetics
Sports and exercise training as therapy in cancer（癌症康复中的运动训练）	Stuebinger, G.	2015	New York: Springer

与美国1981年才开始提出“用运动抗癌”概念的时间相比，其实中国在运动抗癌上一开始是领先的。根据《郭林日记》一书的记录（第2页），郭林早在1971年1月8日就开始教授气功来跟癌症作斗争。在我们这本《癌症患者话运动康复——我和郭林新气功的故事》一书中所记录的100多个鲜活的生命故事也无不揭示了一个有意思的规律，即在现代医学对病人宣布“死刑”之后，他们幸运地听说了郭林新气功，抱着试一试的初衷，迅速得益，苦练多年，得以延长生命。他们的故事一次又一次地证明：癌症≠死亡，是郭林新气功让他们的生命重新长上了可以继续飞翔的翅膀！

1980年以后，中国医学界开始对郭林新气功的作用及机理做了研究与探讨。根据沈晓东和华卫国（2006）的综述，一共有30多篇关于郭林新气功的研究在中国医学或气功杂志上发表，看起来数量并不少，但研究多为个案分析或回访调研，没有一个研究利用了可以得到因果关系结论的随机分组试验。对国际权威医学及体育文献库进行检索，只发现了一篇用英文发表的有关郭林新气功小样本的研究报告。由于缺乏扎实的研究及足以证明郭林新气功作用的过硬数据，加上受到20世纪八九十年代国内气功大起大落的风浪冲击，郭林新气功至今还没有登上包括中国在内的癌症治疗与康复医学的大雅之堂。大多数郭林新气功的推广与应用目前还局限于“民间”。

我和郭林新气功是1982—1985年在上海体育学院读硕士研究生时结的缘。刚进校的第二年，我们生理教研室负责生化教学43岁的孙晓红老师被诊断为胃癌3期，手术把她的胃全部切除，只做了一次术后化疗，因为白细胞下降得太低而被迫停止，生命危在旦夕。孙老师的丈夫听说郭林新气功可能有帮助，就让孙老师试一试。据后来孙老师回忆，受现代科学教育的她一开始是不相信郭林新气功是可以抗癌的，但病急乱投医，就跟着练了起来。三天以后，她就感受到了郭林新气功的威力，胃口变好，人变得有精神了，也看到了希望，从那开始她就一天也不漏地练功。我当时每天早起去校园里大声练习英语口语，总是远远看到她在专注地练功，尤其她练中度风呼吸法三步行功放松的身影深深地刻印在我的脑海里。20 多年后的 2005 年，我在美国组织了一个关于步行与健康的国际会议。想到这可能是个介绍中国气功的好机会，我就托人到上海体育学院打听孙老师是否还健在。得悉她不但战胜了癌症，而且活得非常健康，我把她邀请到美国在步行与健康会议上做了郭林新气功的展示，且开了个短期班传授郭林新气功。一晃又是近 15 年过去了，1940 年出生、如今已经是 80 岁的孙老师迄今还是每天坚持练功，血压不高，血糖正常，红光满面，生活得非常滋润（图 10）！

图 10 孙晓红老师

孙老师访美期间，我也对郭林新气功的代谢生理作用做了点观察，并且开始对郭林新气功所做过的研究做了梳理（前面介绍的沈晓东和华卫国的郭林新气功研究综述也是我提议和由我实验室部分赞助完成的），主要结论如下。

郭林新气功从其诞生到推广，得到了社会及医学界的认可，使成千上万的癌症病人受益，并在 20 世纪八九十年代中国气功的大起大落中生存下来，风风雨雨走过了近 50 年的岁月。与其他昙花一现的各种气功功法相比，郭林新气功的生存与发展无疑是幸运的。然而从科学的角度而言，近 50 年中郭林新气功在科学化上所取得的进步是十分不足的。许多关于郭林新气功的基本科学问题还没有得到回答，例如：

1. 练功和不练功的癌症患者生存率的差别是多少？
2. 练功和不练功对癌症病人生活质量的影响有多大？
3. 郭林新气功对癌症为何有时有着奇特的作用？
4. 郭林新气功为何对一部分癌症病人不起作用？
5. 与郭林新气功相互作用的因素有哪些？
6. 郭林新气功属于有氧运动还是无氧运动？运动强度如何？
7. 郭林新气功作用的机理是什么？
8. 郭林新气功最佳的锻炼时间是多久？各种功法如何组合才能达到最佳效果？
9. 郭林新气功练功中许多具体要求（如“吸吸呼”的呼吸方法、“男左女右”的要求）的科学依据是什么？
10. 长期坚持郭林新气功锻炼的生理、心理和社会主要因素是什么？

更有幸的是我在梳理过程中有机会结识了郭林新气功达人、抗癌英雄——上海癌症康复学校和上海市癌症康复俱乐部创始人袁正平先生。2007 年，我所在美国大学的实验室与上海癌症康复学校（袁正平校长）、上海体育学院（王人卫和虞定海教授）、上海气功研究所（李小青和华卫国研究员）合作，成功地申请到了一个美国国立卫生研究院（National Institute of Health，NIH，美国最高的健康研究机构；基金号：R03CA126407）的研究基金，对郭林新气功的能量代谢特点和长期郭林新气功锻炼对各种生活质量指标及身体机能等各方面的影响做了调查，其中有以下几个重要方面的内容。

1. 对癌症生存期为 10 年以上的癌症病人（癌症确诊后进行郭林新气功练习）和相匹配的对照组进行对比研究，研究郭林新气功对生活质量和其他健康结果的长期影响。
2. 研究郭林新气功的能量代谢特征。
3. 通过对运动频率、时间和癌症生存不同阶段功法的运用的研究，探索郭林新气功的最佳练习组合，为开郭林新气功运动处方奠定科学基础。

因为篇幅关系，以下我着重介绍有关郭林新气功的能量代谢特征的发现，因为它涉及郭林新气功抗癌的机理。一共 80 名受试者（男女各 40 名）参加了研究，他们都是生存期为 10 年以上的癌症病人，其中 40 名受试者从癌症确诊后就开始进行郭林新气功锻炼，即他们的练功时间都在 10 年以上。郭林新气功练功组受试者的主要身体特征见表 2。

表 2 郭林新气功练功组受试者的主要身体特征（平均值 ± 标准差）

年龄（岁）	身高（厘米）	体重（公斤）	脂肪百分比(%)	平均生存期(年)
61.98 ± 7.31	163.92 ± 6.19	63.04 ± 9.82	28.30 ± 9.36	16.54 ± 4.12

按照一个随机顺序，每个郭林新气功练功组受试者进行郭林新气功 9 个功法的测定，每个功法为 10 分钟，每次测定休息间隔为 5~10 分钟，并记录练功时的心率和步行的速度，同时利用 COSMED K4b2 便携式肺功能仪器测定受试者进行郭林新气功练习时的能量消耗（图 11）。为了进行对比，对受试者 10 分钟自我感觉舒服的自由步行的能量消耗也进行测定。另外还利用 COSMED FITMATE 热量测定仪测量了受试者早晨刚苏醒时的安静代谢率。运动生理研究中，我们一般用“梅脱”值来定义运动中的能量消耗和某一项运动的强度。“梅脱”（MET）是英文“Metabolic Equivalent of Energy 的缩写，意译为“能量代谢当量”，音译为“梅脱”。它的定义是每公斤体重，从事 1 分钟活动，消耗 3.5 毫升的氧，其运动强度为 1 MET 梅脱。梅脱可以用来评定各种不同运动的强度，还可以将不同运动的强度进行比较。例如，小于 3 梅脱为低强度活动（Light intensity activities），3~6 梅脱为中等强度运动（Moderate intensity activities），大于 6 梅脱为大强度运动（Vigorous intensity activities）；另外正常成年人（60 公斤体重）安静代谢率 (RMR) 为 3.5 ml/min/kg，相当于 1 个梅脱。如果一个人在跑步时的梅脱值达到 6, 则表明这个人的氧消耗是安静时的 6 倍，是在做大强度的运动。

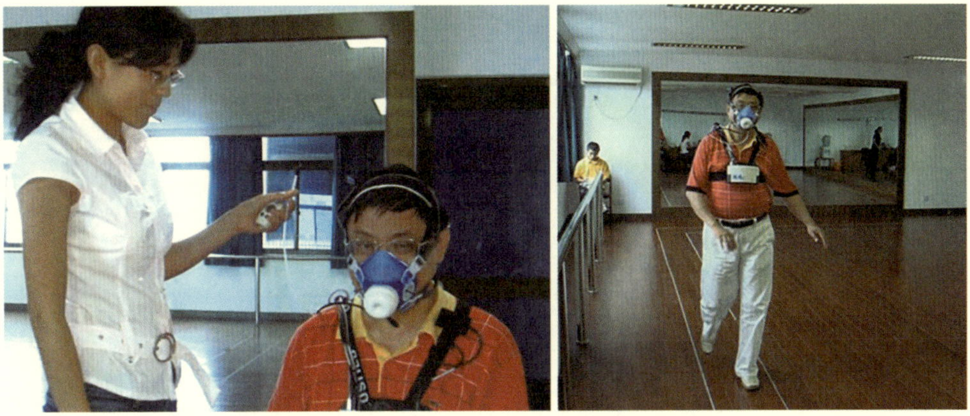

图 11 袁正平会长正在参加这项科研的测试

本研究所测得的平均安静代谢率为 204.74±34.15 ml/min，除以体重后测得的 MET 值为 3.29±0.58 ml/min/kg，稍微低于成年人的 3.5 ml/min/kg，但符合这个年龄段人的安静代谢率特点。这批受试者在练习郭林新气功主要功法时的梅脱值、运动时的平均心率和运动时的速度小结如下（表 3）。

表 3 郭林新气功练功组受试者练习时情况表

功法 / 对照走	梅脱（MET）	心率（次 / 分钟）	速度（米 / 分钟）
热身	1.80	88.22±12.45	原地
风呼吸自然行功	3.65	102.06±13.65	38.77±14.60
定步功	2.65	96.28±13.34	原地
升降开合	2.72	97.22±11.65	原地
中度风呼吸法一步点功	3.21	98.68±12.07	12.13±3.69
中度风呼吸法二步点功	2.97	98.55±11.64	18.20±4.92
中度风呼吸法三步点功	3.10	100.01±12.57	16.08±4.20
强度风呼吸法快步功	4.83	115.49±15.56	72.90±11.59
收功	1.89	91.30±12.70	原地
十分钟走	3.58	96.09±12.32	原地

以上结果表明:

1. 除了热身和收功，大多数郭林新气功功法的梅脱值接近或超过 3，因此：郭林新气功属于中等强度的有氧运动。
2. 除了强度风呼吸法快步功外，大多数郭林新气功功法的行走速度很慢，远低于正常的走路速度，但通过“吸吸呼”的特殊调息方式，照样可以达到中等强度运动的吸氧效果，体现了中国养生方法中所强调的“调身”“调息”和“调心”在健身中的重要性，也非常适合正在接受或刚刚完成癌症治疗病人身体虚弱的特点。
3. 因为绝对吸氧量并不高，说郭林新气功大量吸氧并不准确；“相对较多吸氧”（相对于较慢的行走速度和运动时不算高的心率）更为准确。
4. 和不练气功组比（12/40 = 30%），郭林新气功练功组（4/40 = 10%）的癌症复发率降低 20%。
5. 除了运动本身的作用，郭林新气功社会团体，尤其像上海癌症康复学校那样的社会团体，在很大程度上起到了弥补中国缺乏的癌症社会支持（social support）的积极作用。因此可以说，中国以运动抗癌为轴心的抗癌社会支持是世界第一的，也是唯一的。

上海体育学院王人卫教授的团队又从抗氧化和免疫等方面对郭林新气功做了研究（注：由于种种历史原因，在这些研究郭林新气功被叫作“自控锻炼”）。复旦大学公共卫生学院余金明教授则从生命质量角度研究了郭林新气功干预对病人的生理、心理和社会生活质量等方面的积极影响。

最近香港大学有关学者用随机分组的方法对乳腺癌患者进行了干预研

究发现，郭林新气功干预组在生活质量和免疫功能上都要优于柔韧拉伸组。

虽然上述这些工作和进展可喜可贺，但离郭林新气功的科学化和走上癌症治疗的临床医学实践还有很大的距离。

那么怎样才能使郭林新气功进一步科学化，使其走进 21 世纪治疗癌症及提高癌症生存者生活质量的大雅之堂呢？我认为，Huskell 在 2001 年提出的“运动是良药（Exercise is medicine）”的概念是指导我们使郭林新气功科学化的最佳途径。Huskell 在对美国食品与医药管理局（Food and Drug Administration，FDA）对审批药品过程进行研究后提出，欲确定“运动是良药”，即体育锻炼对疾病的效果，我们必须也应该像研究药治疗疾病的作用那样去严谨地研究运动是如何影响疾病的。

按照 FDA 的标准，要把运动作为医药或治疗的手段，我们必须能够提供以下几个方面的数据及信息。

1. 效力性（Efficacy）：运动是否可以提供特定的健康益处？数据的来源必须是随机分组的试验设计。
2. 有效性（Effectiveness）：通过参加运动是否可以使一部分病人得到健康的益处？哪种人较易受益？哪种人较难受益？
3. 剂量 (Dose)：什么样的运动量可以提供最大的健康益处？运动量应包括锻炼的方式、强度、频率、时间长短和功法的组合。
4. 机理 (Mechanisms)：运动对身体及心理的作用是什么？是对身体单一器官或系统的作用，还是对多器官或多系统的作用？
5. 可能的副作用 (Adverse Events)：运动及不同运动量是否可能带来副作用？如果可能，程度如何？有无其他的医疗手段可以减低或者消除可能的副作用？

1 尽快对癌症人群建立长期追踪体系，以获得郭林新气功对生存率影响的科学数据。

2 建立交叉学科的科研队伍。从医学、体育和社会学等多学科的角度来研究郭林新气功对治疗癌症的作用及对癌症生存者生活质量的影响。

3 从运动生理学的角度，用最新的仪器对郭林新气功开始做系统的基础研究，例如，能量代谢的特点、锻炼过程中人体生理系统的反应、最佳锻炼的时间和频率等。

4 对郭林新气功的最佳运动量以及功法组合做调查，为建立郭林新气功运动处方数据库提供科学依据。

5 开始用随机分组的试验方法来检验练功人群与对照人群的差别。所用的健康指标必须是经过科学（效度与信度）检验的现代医学常用的指标。

6 用现代心理学、行为学和社会学理论来研究长期坚持练功的主要决定性因素，并根据这些因素来指导郭林新气功干预试验的设计。

7 用科学的方法与手段来研究气功的机理与作用。21 世纪，我们已经可以把人送上别的星球，对生命的认识也已经到了 DNA 的水平，然而对于气及经络的认识却远不尽如人意。对郭林新气功机理认识的真正突破还在于对中国医学在分子和量子水平上的突破认识（比如，气和经络的本质是什么？气对癌症细胞是如何作用的？）。

8 改变人们对气和气功的认识。气，其实人人都有，只要通过简单的练习，每个人都可以感觉到气。气功可以也已经作为一个特殊的体育锻炼方式来推广。对气功的推广，尤其在年轻人中的推广，甚为重要。因为这关系到中华民族几千年的文化和古老养生方法的延续、发展、传承及光大。

相信这些研究的结果会让我们对郭林新气功的科学认识迈出更扎实的一步。我的实验室也渴望与国内对郭林新气功和其他气功做科学研究的同行、郭林新气功组织和团体合作，让郭林新气功在新世纪，在其科学化的道路上大放异彩。

朱院士谈运动干预癌症　　朱院士运动抗癌 APP 下载

AIZHENG SHENGCUNZHE HUA YUNDONG KANGFU

第二章
生命故事

第三人生

◉ 袁正平

我是位曾经徘徊于地狱之门的晚期癌症患者，医生曾断言：可能活不过 1 年。然而 38 年过去了，我仍健康地活着。

做为一位康复 38 年的癌症生存者，我对人生的许多东西似乎都淡忘了，但是抗癌路上留下的那一串串坚实的脚印，刻骨铭心于生死之间的那一份真情和爱，却深深地印在脑海之中，并驱使我拿起笔把我的生命故事和运动康复的实践体会告诉更多的后来者，为他们点燃生命之树重绿的希望。

我的故事

一、蜜月从这里开始

1981 年春节，31 岁的我结婚了。

“而立之年”“风华正茂”“新婚燕尔”春云初展，而我却在新婚第七天因高烧被送进了医院，经病理切片确诊为第四期恶性淋巴肉瘤并浸润髋关节，已是晚期。

蜜月在肿瘤病房开始。

当初谁都不肯把这可怕的消息告诉我，医生父母都瞒着我和妻子，说是一般炎症。可是病情在急剧地恶化，当我一顿饭咽不下 2 只馄饨时，我意识到情况不妙。趁一个机会，我溜进医生办公室偷看了病历，知道了病情真相。医生办公桌上那本专业书的有关章节上写着“何杰金氏瘤第四期，2 年存活率 20%”天呐！看着这残酷的判决，我只觉得天旋地转，也不知是怎样走回病房的。

那天，我用被子蒙住头，躺在病床上哭了一个下午，我的精神世界彻底垮了。从新房到病房，从幸福的巅峰坠入痛苦的深渊，我的心被思绪的湍流冲击，被矛盾的乱麻捆绑。我想到了年迈的父母和小我 7 岁的妻子，我诅咒，为什么我不能享受天伦之乐，却要给家人带来痛苦？我悲愤地撕掉了一本日历，一年不就是 360 张薄薄的纸吗？

事后我才知道，得知我病情真相那天，妻子是哭着冲出医院奔上汽车，哭着撞开房门，望着装饰一新的居室和墙上那斗大的“喜”字，她痛哭着“扑通”跪了下来，她问苍天，命运为什么如此残忍和不公，她祈求神灵的保佑……

从恐惧、悲伤到愤怒、焦虑，最后消沉、绝望，当时一些癌症患者就是这样走完人生最后旅程的。

但是我没有就此走向死亡。

二、打“狼”的棍子

住院 8 个月的大剂量化疗，病情得到了控制，然而当化学性肝损伤导致化疗被迫中断时，我再次陷入了困境，高烧不退，极度虚弱，我仿佛收到了死神的黑色请柬。

那天，单位的党委书记来看我了，他向我推荐名叫“郭林新气功”的癌症患者运动康复健身法。他向我介绍：郭林是北京画院的一位画家，辛亥革命烈士的后代，郭林 1949 年至 1956 年先后因癌症复发转移动了六次大小手术，生命悬于俄顷之间，病中的郭林想到了 6 岁时随祖父习练的童子功，想到了中学时喜好运动，想到了创作山水画时踏遍名山险川，结识了许多气功高手、运动达人，决心要用运动重获健康。郭林博采众家之长，创编了一套通过自身锻炼达到祛病延年目的的“郭林新气功”。她从自身实践开始，康复后带着气功走向社会，义务传授为许多癌友创造了新生的希望。书记又告诉我，郭林老师即将来上海，在静安区体育俱乐部举办学习班。

书记的一番话，为我打开了一扇窗。我不了解气功，感觉它很神秘，很悬乎，但冲着郭林老师患癌已康复的不凡经历，我毅然决定出院，赶快去报名参加学习班。

这就是社会心理学“类似性因素”的影响力。我记住了郭林老师在上海第一期学习班上讲的一句话：我传授你们郭林新气功，是给你们一根打“狼”的棍子。老师把癌魔比作恶狼，但没有说气功可以杀死恶狼，而是说给你一根打狼的棍子，你赤手空拳和恶狼搏斗，当然不如拿根棍子做武器。形象比喻的一句话，显现了老师的睿智，更表明了老师对郭林新气功是癌症康复体能锻炼有效手段的正确定位。

出院第二天，妻子即搀扶着我到静安区体育俱乐部探点，透过竹篱笆缝隙，只见一位军人迈着矫健的步伐在行功，旁人向我介绍这就是来教功的于大元老师。当时我还认为不就是走路吗？走路也能抗癌？参加学习班后才知道，要学好行功并非易事。

8 个月的住院治疗，我一直在思索：相似的病，相似的治疗，为什么有的人病情缓解了，有的人却夭折了呢？也许其区别在于自己主观能动性的发挥如何。一个病人不能单纯被动地等待治疗，而要主动积极地参与治疗。但我又终于找到了主动参与治疗的切入口。8 个月的基本卧床、大剂量化疗和激素的副反应，使我的体质十分虚弱，站立 5 分钟就双腿颤抖，我每天 5 分钟 5 分钟地增加练功时间，直到每天练功 4 小时行走自如。晨曦中在寂静的林荫道，在深深的庭院中，迈出了我坚实的脚步，吸进清新，吐出混沌，传来了我“吸吸呼”轻微却执着有力的声音。练着练着，食欲增加了，睡眠改善了，体质增强了，我尝到了甜头，学得更认真，练得更勤快了。

从躺着到坐起来，从坐着到站起来，从站着到走起来，从病休状态到运动状态，要有渐进的过程，逐步增量，不可能一棍子把“狼”打死，不必刻意追求各项指标“立竿见影”的改变，练功后吃好了、睡好了、精神好了，就是疗效。

三、北京之行

1982 年 9 月 17 日，我和妻子、父亲、大伯一行 4 人，踏上了赴北京的取经之路。

放眼窗外，蓝天白云，飞机正在“棉花山”里“裁剪”。品味了第一次“上天”的那份新鲜后，我又埋头如饥似渴地捧读手中的那本杂志。已经看了十几遍了，却还是这样的全神贯注。这是著名作家柯岩发表在《北京文学》上的一篇报告文学《癌症≠死亡》。在这篇文章里，我看到了一个古老而又新奇的，不是神话的“神话”。看到了高文彬、于大元等抗癌明星的熠熠风采。这不是我一直在寻找的希望吗？我迫不及待地要尽快融入这个特别的群体里，获得共生效应。

在北京，我学功、练功，听郭林老师讲课，看郭林老师查功，我又再次参加了郭林老师督导于大元老师、施柯老师执教的初级班“回炉深造”。施柯老师患脑癌康复，是延安抗大、鲁艺两所大学毕业的老革命，是用心在教功。于大元老师从志愿军文工团到总政歌舞团常年习舞功底厚实，他示范郭林新气功的功法得心应手。聪慧过人的他掌握郭林老师功理要领熟记于心，还编了许多顺口溜便于学员入耳入脑，使学功练功已近一年的我觉得又上了一个台阶，真的是受益匪浅。

每天午睡后，我就和妻子一起整理学习笔记。初学时，我不看郭林气功书籍，因为还一知半解，会“云里雾里”不知所以然。北京3个月深造后，拿着学习笔记再比照书本掌握功理，我有一种飞跃的感觉。从调身到调息、调心，从导体令柔、导气令和到练精化气，练气化神，我从对郭林老师抗癌30余年的崇拜到对郭林新气功的坚信。

北京学功练功3个月，期间我又在北京做了次化疗。练功后化疗的反应少了许多，白血球也正常，于是我决定再延长3个月而“乐不思蜀”。然而郭林老师的一声命令，改变了我的计划。当时上海卢湾区体委找到郭林老师要举办郭林新气功班，消息一出，即刻有400余名癌症患者争相报名。郭林老师决定派于大元、施柯还有我赴沪任教，于是我火线加入，成了郭林新气功的授课老师。

3个月的北京之行，在我38年抗癌征途中，只是短暂的一个小站，但让我终身难忘。我忘不了郭林老师的谆谆教诲和慈母般关爱；我忘不了于大元老师、施柯老师细心点拨；忘不了全国各地功友的互助互爱。我收获满满，人生仿佛走进了一个新天地。

四、5岁生日

1986年冬天的一个难忘日子，我家那十几平米的小屋里挤满了人，欢声笑语阵阵，生日大蛋糕上插着5支蜡烛。医学上把5年定为癌症的治愈期。我们一起习练郭林新气功，坚持体能锻炼的病友们有个约定：康复满 5 年，要聚会庆贺，过一次“生日”。围着蛋糕，“寿星”的眼中都含着热泪。

上海人民淮沪团的鼓师、肠癌患者郑贤峰是上海第一期郭林新气功学习班学员。当年他躺在华山医院的病房里，望着对面正在建造的上海宾馆叹息：“我能活到高楼造好的那一天吗？”他说：“现在每当我途径上海宾馆时，步伐总是显得十分矫健。”他告诉大家，他评上了高级职称，他加入了中国共产党。

上海电筒厂女工王群，胃癌手术时已发现淋巴转移，手术前她为婆婆缝制了一双棉鞋，她以为这是最后一次尽孝心了，一针针、一线线缝制得特别仔细。5 年后，婆婆的那双棉鞋已经穿坏，而她的生命之树又长出了新枝，她激动地告诉大家，她那牙牙学语的女儿会喊“妈妈”了。

杨汉昌，原上海体操队主教练，脑胶质瘤患者，手术前老杨执意拍了 3 张照片：一张合家欢，凝结天伦之乐中的最后一片温馨；一张夫妻合影，难忘那份患难恩爱情；一张标准像，那是特意给追悼会留着的。他曾经为病后无所事事而苦恼。如今他在上海体育科学研究所开设郭林新气功班，为新病人传授锻炼健身法，他拿着一张学员合影的照片说：“我又当上了教练”。

相似的揪心回忆，一样的新生喜悦，我们彼此交流着练功的心得和体会。花开又花落，一年又一年，不论酷暑严寒，每天坚持的郭林新气功习练周而复始，从要我练到我要练，练功已成为了我们的一种习惯和态度，一种生活方式。我们一起吹熄生日蛋糕上 5 支蜡烛，由衷地发出了幸福的欢呼。

这一刻，我许下了一个心愿，我要活好我的“第三人生”。有人把人的老年称为“第二人生”，并指出第二人生可以弥补完善第一人生的遗憾和不足。我提出了“第三人生”的新观点：一个人遭受重大磨难、生命受到威胁后重新开始的人生是“第三人生”，将比第一、第二人生更加潇洒和超脱，是生命质量的飞跃。

我决心用我的第三人生传播郭林新气功为新病员服务。1987 年，上海成立郭林新气功学会，我任会长。我们组建了一支辅导员队伍，在全市设立了 6 个教学点，吸引了许多新生患者加入了运动康复的行列。我教功、查功乐此不疲。学习气功和运动康复相关知识我如饥似渴。从刚患病时“与世无争争口气，一无所求求生存”的自救到报团取暖群体抗癌的互救，我找到了人生新的坐标。

俱乐部的故事

一、点燃生命火种

1989 年 6 月，我请高文彬、于大元来上海讲课，三人在宾馆里相谈甚欢。从医学模式的改变到社会肿瘤学新观念，从整体康复的多元手段到行为医学、心身医学的应用实践，我向二位老师倾诉了心里酝酿很久的将郭林新气功学会转型，创建癌症患者自救互助组织的强烈意愿。二位老师异口同声说好，当即决定，北京上海联动，一起点燃生命的火种。

11 月 7 日，我在《解放日报》上发表了《上海有家癌症患者俱乐部》的整版文章，率先把它推上了社会大舞台。第二年春天，北京成立了“抗癌乐园”。从郭林气功团队到癌症康复社会组织，从运动康复到多元联动整合，具有中国特色的群体抗癌模式就此揭开了新的一页。

30 年过去了，俱乐部初创时的情景依然历历在目，我们在一条弄堂里送牛奶的小棚屋开会，参会者每人还要自带小板凳；没有活动经费，你 5 元我 10 元自掏腰包；为省几个钱，寄通知的信封都是大家动手缝制的……

30 年的风雨兼程，30 年的与时俱进，如今上海市癌症康复俱乐部已成为 5A 级法人社团，拥有 18000 余名会员，下设癌症康复学校、东方肿瘤双防康复指导中心两个实体；18 个区二级法人团体会员；182 个覆盖上海各街道社区的活动站；300 余个自我管理小组；13 个肝、肺、胃等病种康复指导中心；在全市 8 家三甲医院设立了癌症患者资源中心；成立了有 1000 余名注册志愿者的志愿者总队。这个以现代社会组织体制运营的生命绿洲连续 12 届被评为“上海市文明单位”、上海市先进社会组织。我也因此荣获“中华慈善奖”和“全国百名优秀志愿者”光荣称号。

运动助力康复是俱乐部的活动特色，俱乐部在全市设立了 20 个郭林新气功辅导点，便于新会员在康复的第一时间就投入到了解自控锻炼的行列。俱乐部每两年举行一次“我运动，我健康”体育大会，先后举行郭林气功会操和太极拳、木兰拳、功夫扇、通络操、戏曲广播操等拳操比赛。俱乐部成立了自行车骑游队、龙舟队、游泳队、乒乓队等体育团队。乳腺癌患者的龙舟队还代表中国参加了世界龙舟锦标赛。乳腺癌生存者组别的比赛获国家体委“特别奖”；肝移植患者组成的乒乓队多次参加世界器官移植人运动会，收获了很多金牌。

据统计，俱乐部会员的 5 年存活率均达 70% 以上，远远高于社会平均值。其中 85% 以上存活者常年坚持体育锻炼。这些鲜活数字告诉我们：拥有至高无上的权力，调动不了健康；拥有挥霍不尽的财富，买不到健康；拥有众多的朋友，没人送你健康；重获健康的金钥匙，在你自己手上。

二、癌症康复学校

1993 年，“4 岁”的癌症康复俱乐部已迈开了成长的脚步，我开始酝酿再上台阶的新举措。

一份对 3173 名会员的综合调查显示：精神状态、心理承受力、应急防卫能力、情绪、个性诸因素对癌症患者的康复影响甚大。手术、放化疗等第一治疗对癌症的防治至关重要，但不是终结。调查中又发现，病后 1~2 年是肿瘤最易复发转移时期，而这时期结束常规治疗后，病人去医院诊治的次数在递减，病人家属对病人的关心在递减。

为填补这段空白期，我决心创办一所癌症患者自主管理的癌症康复学校。没有正规的教学场地和设施，没有专职教师，没有可供借鉴的教材，一切从零开始。教育局申请备案，获承认非学历教育资质，拟定教学计划、编讲义、排课程、培训辅导员，忙得不亦乐乎。

11 月 8 日，在上海市工人文化宫顶楼大厅，第一期学习班开学了。50 名学员中多为老年，有胃癌手术时发现 20 个淋巴转移的，有肝癌肺癌无法手术的，有正在化疗、放疗体质极度虚弱的，我看到了他们的病容，但又从他们的眼神中看到了坚毅和勇敢。两个半月一期的走学，课程排得满满的。清晨 7 点开始，在文化宫对面的人民公园体能锻炼，学气功、练气功，10 点到文化宫教室上课、听专家讲座、听抗癌明星报告，学习饮食调理、心理调适知识，学唱歌、学跳舞……两个半月以后，学员的体质增强了，精神面貌都发生了很大的变化。

1994 年 11 月 8 日，《解放日报》刊登《世界癌症康复学校令人瞩目》一文，引起了强烈反响，要求报名入学的电话铃声不断。日本 TBS 电视台、新加坡电视台相继到学校摄制专题片。芬兰赫尔辛基大学的一位医学教授正在沪访问，随即改变了去一家医院参观的计划，兴冲冲地来到了学校。由全球十几个国家医生组团的访问团到学校作了交流。日本气功协会理事长山本政则、日本带津三敬医院院长带津良一两次率团访问康复学校，并启动连续 10 年的中日互访活动。

26 年间，康复学校几经搬迁，但我们的办学宗旨不变：以运动康复为主，综合药物以外治疗的各种有效手段，为癌症患者争取明天。

走过 26 年历程的上海市癌症康复学校，已经举办 112 期康复学习班，培训了 10 万余名学员。在运动疗法和整体康复的科学探索路上，留下一串串坚实的脚印。

1996 年，对 1883 名坚持郭林新气功锻炼的学员综合调查：睡眠改善者 48%，食欲增加者 36.8%，精神振作者 61.4%。

2003 年对 7951 名学员的综合调查：生存期超过 5 年的患者中 85% 以上常年坚持体育锻炼，其中 80% 习练郭林新气功。

2007 年对 2000 名生存期 10 年以上的学员调查：50% 以上认为“得益于郭林新气功锻炼”。

2008 年，我们和美国伊利诺伊大学朱为模教授、上海体育学院王人卫教授合作，对 80 名康复 10 年以上的癌症生存者分成 40 人的郭林气功组和 40 人的对照组做对比测试。（相关内容朱为模老师在本书中有介绍）

2009 年对 1000 名坚持郭林气功锻炼学员做“生活质量及其影响因素研究”，发现练功者的生活质量指数高于其他 5000 名被调查会员。

2010 年，上海体育学院王人卫教授团队对康复学校第 71 期新入学员做跟踪半年的《自控锻炼对术后康复期恶性肿瘤患者红细胞 CD35 和 CD58 的影响》课题研究。结果表明：自控锻炼（郭林气功）对于改善肿瘤患者红细胞免疫粘附以及免疫调控具有积极意义。

2015 年，朱为模教授、王人卫教授和上海体院王震教授团队一起对康复学校第 98 期肺癌康复班的 50 名中晚期肺癌学员做郭林气功干预的课题研究，长期跟踪，2019 年 4 月调查，死亡仅 8 人，学员 5 年存活率达 84%。

2016 年，上海电视台追踪康复学校第 92 期学习班的纪实上下集纪录片《甜蜜时光》获加拿大世界媒体节洛基大奖。

癌症康复学校，这是所锤炼生命质量的学校，这是浇灌人情和人性之美的绿洲。

生命感言

38 年的抗癌之路，“第三人生”的匆匆岁月，运动康复的满满收获，自助助人的多多快乐，是一篇文章所无法包容的。

人的生命旅途中，有两条道路，一条是大地之路，一条是心灵之路，无论做大地的跋涉者还是做心田的耕耘者，都不是件轻松的事情。因为生命总在路上，命运总在前方，感恩是我永远的情怀。

回首漫漫风雨路，人生的许多道理只有在生命的行进中才能悟透。直面人生去开启我们的心灵之门，就能找到一片属于自己的绿洲，在这片绿洲里，我没有被物欲的沙漠所淹没，我的生命更为旺盛，我的灵魂更为纯净，我的精神更为富有。

当生命的太阳喷薄而出时，红彤彤、光灿灿，为万朵瑰丽的朝霞所簇拥。当生命的太阳冲破云遮雾挡，再次露出笑脸时，益发红彤彤、光灿灿，为万朵瑰丽的晚霞所依偎。“七十还青春”的我，无悔人生，将继续沿着这条“第三人生”之路，勇敢地走下去。

雄关漫道

——结缘郭林新气功、迈向新征程

方曦
福建省癌症康复协会党支部书记

我对癌症的认识可以追溯到50年前，小时候从父母聊天中不时听说有亲朋好友得了癌症，后来身边不少亲人也相继患癌。这些患者活下来的没有几个。癌症等于死亡早已深深烙在我的心中，以至于每当有人约我到医院探望癌症病人时，我都会想方设法借故推托。我实在害怕看到他们，实在无法面对一个个即将离我们远去的生命。

一、结缘郭林新气功——多希望他们活下来

上世纪90年代初，我曾就读并留校工作的母校校长和党委书记，在不到一年时间里相继被确诊为肺癌，他们都是在“文革”后，经过精挑细选，符合“四化”标准，走上大学领导岗位的，不料却双双患癌倒下。高干的待遇，特殊的医保，并没有救活他们。台下百姓看到台上领导风光无限，谁曾想到他们也是癌症高危人群！当年我到医院看望母校领导时，曾想，为什么癌症这么普遍？肿瘤这么难治？难道一点办法都没有吗？我扎进图书城、图书馆，希望找一找还有什么好办法。在没有网络的年代，从浩瀚的书刊中一本本地找，一页页地翻……踏破铁鞋，终于翻到了陶秉福主编的《郭林新气功——

癌症与慢性病患者自学教材》，书中有柯岩老师的报告文学《癌症不等于死亡》，高文斌等大批癌症患者成功案例和郭林新气功的习练方法，我如获至宝，激动万分，毫不犹豫地买下。当我兴冲冲赶往医院时，突然停住脚步。不行！我必须再买一本留给自己，以防万一。我多么希望领导看到这本书能够一跃而起，马上开始自救的征程，我多么希望能听到他转危为安的好消息。然而，等来的却是不幸的噩耗。他为什么不试一试呢？是什么阻碍了自救的步伐？

二、信赖新气功——从此走上自救路

2004 年 10 月 25 日单位组织例行体检，当 B 超医生的探测器在我的腹部久久徘徊时，我心里开始发毛，一种不祥的预感袭来。为我检查的主任十分慎重，请来正在隔壁会诊的省肿瘤医院专家，他们交头接耳的严肃表情，使我越发觉得情况不妙。果然很快证实了我的预感，专家对我说，发现膀胱肿瘤，必须马上住院手术。那一刻，我头脑一片空白，突然感到死神就在身旁。那天下午厅领导找我谈话，告诉我好消息，经党组批准，提拔我转为正处级。然而久违的好消息，没有带给我一丝的快乐。现在当务之急是救命，必须尽快找到好医院、好医生和好办法。一阵忙乱，手术之后，躺在病床上，我开始思考，后面的路怎么走？突然想起十年前买的《郭林新气功》一书，一阵激动，这是我的救命稻草。出院的第一时间，没有老师、没有录像，我对着教材自学，一招一式摸索着练。身体稍微好一点，我马上到公园歪歪扭扭地走起来，尽管动作生硬，但是心中有了希望，我有了自救的武器。

三、停练新气功——中断付出大代价

在朋友介绍下，我认识了福州抗癌乐园的抗癌明星们。在他们热心帮助下，我又陆续学了几个功法，每天练功早出晚归。随着练功积累、心态放平，并结合综合治疗，我的身体逐步好转，定期体检顺利过关，绷紧的心慢慢放松。2008 年发生国际金融危机，为拉动内需，国家出台系列政策，省部领导亲自督战，我在工作一线，倍感压力，白天下基层、晚上看报表、收集情况、研究政策，废寝忘食、加班加点。任务紧、压力大、休息少、吃不好，更别说练功了。2010 年初我发现体重骤减 30 斤，疲惫不堪、咳嗽不止、晚上只能坐着睡觉，到医院检查，没想到又摊上大事。福建医大附一院增强 CT 显示，怀疑肺癌。我从福州问到北京，中西医专家异口同声“肺癌、手术、化疗”。我明白肺癌的凶险，眼前浮现母校因肺癌去世的校长和书记。这一年距我确诊膀胱癌已有 5 年半，按理说，过了 5 年已算基本康复，可我却面临第二次的考验。

四、重学新气功——峰回路转定方向

2010 年春天，从来没有见到沙尘暴的东南沿海福州，居然也有黄蒙蒙的尘埃扑面而来，令人窒息，不辨方向。此时，我又处于人生十字路口，迷茫之中，何去何从？是按照专家们的要求立即治疗，还是缓一缓，另寻良策？我查阅过许多资料，了解肺癌治疗和预后，文献资料使我不寒而栗！统计数据让我两腿发软！手术和化疗虽短期可以消灭肿块，杀灭多数癌细胞，但这种伤害性的治疗，将使患者元气大伤，不仅短期内难以恢复，更可怕的是癌细胞会迅速繁殖，疯狂反扑！我犹豫不决，一筹莫展。2010 年初，北京传来举办“中国群体抗癌研讨暨世界华人百名抗癌明星表彰大会”的消息，这是一次抗癌盛会，世界各地华人抗癌明星将同台亮相，传经送宝，真是柳暗花明，可遇不可求！我毫不犹豫紧随福州抗癌明星们来到北京，没有入场卷，也要想方设法挤进去。

会议期间，我遇到许多热心的抗癌前辈，她们帮助我出主意、想办法、找专家。其中河北晚期小细胞肺癌康复者魏老师给我留下深刻的印象。这位 1980 年确诊，开胸发现癌细胞布满双肺，手术无望，化疗、放疗无效，认定生存期不到 2 个月的患者。在走投无路之际，从邻床病友处得知，许多癌友通过郭林新气功锻炼得到康复的消息。从此她背水一战，走上练功自救道路。当这位面色红润，声音洪亮的老人平静地讲述 30 年前的故事时，我无论如何不敢相信这是一个晚期小细胞肺癌患者。眼前的抗癌明星给我无穷的力量，令我顿开茅塞，太震撼了！从此我明确了抗癌方向，决定向她学习，她能活我也能！

北京大会上抗癌明星比比皆是，他们故事发人深省，给人启迪，令人振奋！各类癌种皆有，有的多处转移，有的曾经治疗无望。他们故事跌宕起伏，触目惊心，几乎都是晚期病人，都与死神擦肩而过。他们多是没钱、没权、没有医学背景，是什么让他们转危为安？我从资料《癌症患者康复实录》中得到答案：群体抗癌、综合治疗、坚持练功。我决定留在北京，与全国癌友一同学习新气功。

五、坚持新气功——而今迈步从头越

带着北京学到的自救本领、带着京城老中医开的大包中药、带着满满的正能量，我回到福州，从此起早贪黑，走上风雨无阻的锻炼道路。我一直牢记老师的叮嘱：牢固树立信心、决心和恒心。冬练三九、夏练三伏，义无反顾，背水一战。练功的日子，雨水、汗水和泪水汇聚在一起，白天熙熙攘攘的森林公园，凌晨三点却是我的私家花园，四处漆黑，有点儿悲壮，为了生存、全然不顾；漫步行走、手摸脚跷，转头转腰，大量吸氧。每天不少于 5 个小时的练功，寂寞、孤独、枯燥，其中酸甜苦辣只有自己知道，我在与癌细胞赛跑，挣命、抢命、夺命，人生能有几回搏！

3 个月后，又到了体检的日子，我怀着忐忑不安的心情准备接受命运的检验。当报告送来，我几乎不敢相信自己的眼睛，不敢相信幸运之神会如此之快降临在我的身上，肿瘤居然消失了，不可能吧，实在太出乎我的意料。我急匆匆找了影像科权威，都得到肯定的回答，我实在是欣喜若狂，我成功了！

在森林公园 3 年多的日子，与数十位癌症患者朝夕相处一道练功、交流。病友中有的坚持练功，智慧应对，顽强地活了下来；有的似信非信、犹豫不决，病情反反复复；有的七情干扰，盲目治疗，走了错路、死路。经验和教训十分深刻。从那时起，我丝毫不敢懈怠，每天坚持练功，重视综合调理，预防复发转移。如今肺癌已平稳度过 9 年半，膀胱癌 15 年。

无独有偶，在我康复后不久，我的姐姐和妹妹也相继确诊为慢性白血病和淋巴癌。在我的影响下，她们第一时间接触了郭林新气功，坚持习练，也成为受益者。如今她们癌龄都超过 7 年。

六、思考新气功——百期交流遇难题

我肺癌康复走的是一条与众不同的道路。这一次我没有首选西医，没有手术和放化疗，是基于对西医治疗肺癌成效的充分了解和众多案例的比较。目前西医对肺癌治疗效果差、生存率低。我决定按照急则治标、缓则治本的原则，把中西医和气功治疗顺序进行调整，暂缓西医治疗，趁着身体元气还在，大胆尝试，先进行郭林新气功锻炼，配合中医，采用非伤害性的综合治疗。实践证明，我的体质恢复明显快于优于其他病友。我所认识的许多肺癌功友，病情大体相同，由于经过手术和放化疗，元气大伤，虽练功刻苦，但身体恢复和康复明显缓慢。

2010 年下半年开始，我在福建省癌症康复协会每月定期组织同类病友交流，至今超过百场，积极引导大家集思广益，共同面对顽疾。应该看到，随着医学科学进步，靶向药的使用，精准治疗等方法对患者的伤害明显降低。然而时常产生的耐药性，始终困扰着医患，无法根本解决问题，许多肺癌患者靶向药与练功并举，虽延缓耐药期，但最终无法阻止病情发展，成为影响郭林新气功疗效、阻拦郭林新气功传播的一道拦路虎。许多患者面临两难选择，定期开展交流，有益于帮助患者分析比较，居安思危，未雨绸缪。

七、立足新气功——坚持培训建基地

常言道“人不是死于疾病，而是死于无知”。平民百姓高度恐癌，主要是对于癌症康复知识缺乏了解。2011 年我参加了上海癌症俱乐部举办的癌症康复组织建设培训学习，上海癌症康复教学模式和康复学校的经历使我深受启发。2014 年我们创建了福建省癌症康复协会，首先考虑创建培训基地，发挥福建山清水秀、空气清新、气候温润的优势，利用社会闲置资产，为广大患者提供一个学习、交流、锻炼和生活的场所，让大家集中在一起相互学习，取长补短，凝聚合力。我首先选中福建尤溪县洋中镇，一个距离福州不远的山区小镇，利用一所闲置学校，改造成协会培训和休养基地。在这个世外桃源，师生们一起学习、交流、锻炼和生活，身心全面调理。随后又与爱心企业合作，在武夷山度假区筹建康养基地，融培训、休养、旅游、文化、健身为一体，为全国癌症康复组织和广大患者营造公共平台。

八、推广新气功——凝聚合力创新路

我从自己康复经历中深刻体会到，癌症病人确诊后有两个关键时期。一是走好第一步，选对方法，选对医院，选对医生。二是离开医院怎么办，如何防止癌症复发、转移和扩散。第一步是靠医院，被动治疗，缓解病情；第二步是靠自己，主动作为，长治久安。我认为，癌症康复要实现四转变：从悲观到乐观，从消极到积极，从孤独到集体，从盲目到智慧。通过参加综合培训，坚持习练郭林新气功，是实现四个转变的有效方法。癌症康复是一项系统工程，需要心理、运动、饮食和医学的协调配合，相向而行。协会成立后我把组织新患者康复知识和郭林新气功培训放在首位，邀请各类康复专家和郭林新气功老师为患者授课，组织抗癌明星现身说法，组织综合素质高的会员担任辅导员。同时注重筑巢引凤、搭台唱戏，联合各地名师共同举办癌症康复系列培训班，扩大郭林新气功的影响。5 年来先后在福建中医药大学国际交流中心举办“郭林新气功海峡两岸研讨班”，影响高校师生；在规模宏大的万佛寺举办“郭林新气功辩证施治提高班”，激发爱心；在武夷山会同世界医学气功学会郭林新气功专委会联合举办“新气功系列培训班”。扩大影响。共举办各类培训 35 期 60 多班，近 2000 人次参加学习。注意开展心理疏导、营养辅导、生活指导、医疗引导，巩固康复效果，用社会资源，办社会事业。

九、弘扬新气功——探索康养新模式

近三十年来，各地癌症康复组织蓬勃发展，形成各具特色的癌症康复模式和经验。同时受客观条件局限，缺乏全国性综合交流公共平台，对社会的影响有限。为此我认为必须探索新路子，通过政府 + 医学 + 协会 + 企业 + 媒体的合作形式，通过康养健身 + 培训交流 + 文化旅游 + 会展服务等模式，凝聚合力。2018 年我们会同上海、北京等地康复组织，共同举办“首届中国武夷山康养健身旅游季”，邀请海内外癌症康复组织和癌症患者共同参加。为期 23 天活动，包含了与郭林新气功专委会联合主办的系列培训班；各地协会 500 名功友大型郭林新气功表演，千名代表健步康养活动；海内外康复专家和抗癌明星在“肿瘤康复高峰微论坛”同台交流；内地和香港“各地癌症康复组织文艺汇演”，世界自然与文化双遗产、茶文化、灵芝文化旅游系列，郭林老师国画展等活动。海内外 60 多家康复组织、50 多家新

闻网络媒体和 2000 名癌友汇聚一堂，共同学习、拓展新模式、凝聚正能量，践行习总书记提出的“以治病为中心向以健康为中心转变”！

十、致力新气功——建言献策促发展

目前受师资和条件限制，全国每年郭林新气功培训新患者总数占全国新增患者的比例很小。新气功教师队伍从数量、质量，年龄、身体、专业素质等方面来说都难以适应庞大的社会需求。目前党和国家提出“大力发展中医非药物疗法，使其在常见病、多发病和慢性病防治中发挥独特作用”要求，对于加快推进郭林新气功是一个千载难逢的大好时机，我们要主动与中医药大学和中医院联系，推动已列入国家中医药高校教材《中医气功学》的郭林新气功疗法得到重视，使全国百万中医成为传播推广郭林新气功的主力军，再配以各地组织抗癌明星积极配合，现身说法，合力推广和演示新气功。

我曾长期在政府部门工作，了解各级人大代表和政协委员建言献策对政府部门工作监督和促进作用。从 2011 年开始，我为福建省、福州市人大代表和政协委员代拟建议和提案，反映癌症弱势群体的呼声，邀请两会代表和委员前来视察，多次得到省市领导和新闻媒体重视和关注。2019 年初，福建省委书记对省政协有关癌症康复的提案作出重要批示——“民生痛点就是我们工作的重点”，引起省有关部门高度重视，积极行动。省抗癌协会迅速成立肿瘤康复专委会，吸收癌症康复组织负责人参加。医患联合，共同举办面向全省的“肿瘤康复阳光行”活动，深入全省各主要城市，活动中有抗癌明星大会发言、郭林新气功表演、新闻媒体现场采访和直播，每次收视率在 20 万人左右。不少肿瘤医生深有感触：“癌症康复组织自强不息精神和患者习练新气功的成效，深深感染了我们”。

走过 15 年，深感雄关漫道！感恩郭林老师及众多志愿者，今后唯有不忘初心，造福人民。

39 年的老癌话运动康复

◉ 孙云彩

郭林新气功与游泳，是我走向康复的航船！我叫孙云彩，今年 85 周岁，原北京师大附属实验中学高级教师。46 岁得癌，在癌症康复的路上，健康的精神，是我走向康复的前提；综合治疗，是我走向康复的科学之路；而郭林新气功和游泳，特别是冬泳，是我走向康复的动力与保证！

因为得癌，我与郭林新气功结缘 38 年了，因为被怀疑癌症肺转移，我与游泳相伴，也已经 37 年了。在这条水陆康复的航船上，郭林新气功和游泳，特别是冬泳，它们开启了我新的生命航船。是它们坚强了我的意志，让我战胜了癌症的恐惧；是它们激发了我的正气、志气、豪气，让我征服了心灵的懦弱与悲伤；是它们开发了我的生命动力，赋予了我无穷的智慧，滋润着我的身心，鼓励着我勇敢从容、快乐稳步前行……

郭林新气功与游泳，鼓舞我闯过了艰难的岁月，也陪伴我走过创造快乐生命的里程。祖国大地的山山水水，4/5 有我与癌友习练郭林新气功的脚印；东半球、西半球，也有渴望郭林新气功的朋友，与我并肩前行。因为癌缘，我与郭林新气功、游泳已经相濡以沫走过 38 年，我从心底里与它们难舍难分……

回首 38 年的癌症康复的路程，有说不尽的感慨，更有许多难以忘怀的情景……郭林新气功与游泳，现在，已经成为我老去的生命能够咀嚼、能够品味、能够继续享受的人生珍品。

第一，郭林新气功，在我生命的绝望中，点亮了我心中的希望之灯！

80 年代，那是一个恐癌的年代，“十个癌症九个埋，还有一个不是癌”笼罩着整个社会，几乎惊吓着所有人的心灵。46 岁时，我坚持到学生期末考试完毕，身躯疲惫，低烧、失眠、眩晕、慢性胃炎等问题已经一年多了，在睡眠翻身时突然摸到右乳房上方鸭蛋大的硬块，在惊恐中，早早起床，连续跑了三个大医院，三位主任医师手诊：乳癌。立即住院。一周后，北大医院外科严大夫为我做了右乳根治术，取了右腋下 13 个淋巴，密密麻麻地缝合了 48 针，整个手术过程将近 6 个小时，我经历了 12 小时的昏迷才醒来。病理报告是：5cmx5cmx3cm 实性乳癌三期，我惊恐极了，我的心问苍天、问大地、问医生：我还能够活多久？ 46 岁的生命，什么都还没有来得及体味、创造与享受，难道就这样结束了？我在鬼门关前悲泣着，挣扎着，寻求着。在磨难中，我忆起了初中时代的同学，他们为国家与人民的利益，献出了 20 岁的青春生命，现在我有何理由悲悲戚戚在唉叹声中呻吟？于是在英雄战友的鼓舞下，我勇敢地去接受了放疗：锁骨、腋下、胸部接受了 x-gama-beita-gu60 射线 7200 拉德。但仅半年，就又发现左乳上方出现 2cmx2cm 实体瘤，在无奈中，医生又为我做了左乳单纯切除手术。术后又开始化疗（四联霉素 + 长春新碱 +5 艾芙 U），先后用两个月的时间，进行了两个疗程的大化疗，头发脱落了，身体也极度虚弱。因为白血球、血小板低下，被迫终止了第三个疗程的化疗。

我又在悲痛与绝望无助中，到处翻阅寻觅着希望。突然一天，看到了 1982 年《北京文学》第二期杂志上登载的《癌症≠死亡》的报告文学，心里一阵激动，期待地一遍又一遍地翻阅着。原来，这是著名作家柯岩老师被疑为“癌症嫌疑犯”，在癌病区生活了三个月，而写出的真人真事的报告文学。她在文中以极大的热情讴歌了东方的瑜伽术 — 祖国优秀传统文化 — 郭林老师“以身试法”而创编的“新气功疗法”，让已经被西医判处死刑的晚期癌症患者起死回生的真人真事。作家柯岩以饱满的激情，赞扬了已经失去西医治疗手段的晚期癌症患者，坚持习练“郭林新气功”而活了下来的抗癌英雄与抗癌明星！我反反复复地看啊！想啊！它，让我在黑暗中看到了一线光亮，为我在无望的心中点亮了一盏灯！我激动着！我期盼着！第二天，在老伴的搀扶下，我走到了北京玉渊潭公园的八一湖畔，在那个寂静、荒凉的小山坡上，我寻找到了作家柯岩在报告文学中赞颂的因习练郭林新气功而征服了晚期癌症的抗癌明星——高文彬、于大元。这两位“癌司令”的言传身教——健康的精神、正确的道路、科学的方法激励着我。他们率领十几位中晚期癌症患者，天天清晨到八一湖畔，坚持习练郭林新气功，进行自救互助。我随即加入了他们的队伍，以他们为榜样，跟随着他们的脚步，学习领悟着郭林新气功的功法、功理，让自己的身心回归大自然中，按照郭林老师的教导：脚跷、手摸，有节律地吸吸呼行走；调心、调息、调身；按摩穴位，疏通经络，调和气血，不断地改善着身体的内环境。从春到夏，从秋到冬，一年 365 天，连大年初一也不休息，一分一秒地与癌细胞角力着。树立“三心”，相信自己，相信郭林新气功；下定决心，破釜沉舟；坚持练到生命的最后一息。天天修练自己的骨气、志气。坚定不服输、不怕死、争取活下来的正气、豪气。

每天清晨，早早起床，做好一切练功准备。早餐后，背着吃的、喝的，到八一湖畔的小山坡上班，一丝不苟地学着、练着，自然行功 — 升降开合松静功 — 吐音功 — 快功 — 点步功等一个功、一个功按部就班地练着，快慢结合地练着，动静相兼地练着，心平气和、心安神静地练着。那份认真、那份执着、那份一丝不苟的精神，实在是令人敬佩！休息、静坐、散步、气化，一点也不马虎。那份乖巧、那份听话，如孩子般的纯朴，实在让人爱戴。休息了，交流、加餐，都是那么真诚，那么谦逊！多么和谐的集体啊！休息时间，“癌司令”高文彬语重心长地嘱咐：征服癌症，是一场立体战争，是一场持久战。我们既要当好战士，勇敢作战；又要当好统帅，指挥三军（西医、中医、郭林新气功）有机配合作战。不打胜仗，决不回头；要不怕死，争取活！只有活下来，才是勇敢的全部，才是我们最终的目的！老师的话句句入耳，句句动心。多么好的统帅啊！于大元老师不时地给大家讲解郭林新气功的功法功理，指导大家辨证练功。每次讲课，最后他总要勉励大家：希望在自己心中，生命在自己脚下！前进的路，是靠自己的勇敢、智慧、坚持与努力走出来的！他是郭林老师任命的抗癌大队长，跟随郭林老师耳濡目染整整7年，他正直、坦荡，对郭林新气功的渊源、功法、功理、辨证论治的论述、阐明深入浅出、引人入胜，讲课风趣、轻松、快乐；满满的正能量。他还经常带领我们集体练功，为我们查功。两位“癌司令”，不愧是郭林老师的亲传弟子、优秀学生、抗癌明星！是我们学练郭林新气功的楷模，也是我们抗癌康复的好榜样！我们每天上午练功、交流都需要3～4个小时，但每人都是收获满满的，最后总是依依不舍地告别。我在这样优秀的集体练功队伍中学习、练功，收获大，进步快，身心康复也快啊！

为了更好地探索、学习、修炼郭林新气功，我每周六还要到郭林老师的练功、讲功之地——紫竹院的大树下，聆听郭林老师的“吐音”，享受她老人家如洪钟般的“哈拉”音，感受她发出的响彻大地、波及宇宙和谐声波的威力，接受她音波的熏陶、滋润。在紫竹院，我还倾听了郭林老师讲课，目睹了她为学生查功、辨证施功的场景。郭林老师的励志故事——“癌症是条狼”始终激励着我坚强、勇敢。在八一湖畔，郭林老师两次给我查功（自然行功与吐音功），让我基本上明白了“郭林新气功”是什么？为什么？怎么练？也让我基本理解了“新气功”来源可靠、创编科学、造福癌症病友的功法、功理、辨证练功内涵。我虽然没有深究博大精深的古气功文化，但我能够感受到“郭林新气功”真正调动了我心中的骨气、志气、正气、豪气、和气，让我从悲哀、恐惧、等待、被动中走了出来，让我向着健康的道路前进！

第二，冬泳，坚强了我的生命；游泳，放飞了我的生命。

癌后一年半，由于手术、放疗、化疗的后遗症，致使我的免疫功能极其低下，身体极其虚弱，感冒、咳嗽一直不断。放射科医生给我拍了胸片，报告单上写着：1.放射性肺炎；2.两肺纹理增重，锁骨模糊不清，右肺第五肋间有2cmx1.5cm的圆形影，边缘不清楚。结论是：疑乳癌术后肺转移，请追查。我拿着放射科医生的“肺片报告单”，找到了我的主治医生，希望他能给我继续治疗。但他告诉我：你的白血球血小板如此低下，已经不能再手术，也不能再放、化疗了。他温和地拍着我的肩膀，鼓励我说：“没关系，回家想吃什么就吃什么，想做什么就去做什么，慢慢养着吧。”我无语了，眼望窗外，天地昏暗，心似掉到了冰窟窿中，欲哭无泪，欲泣无声，我好象又一次走到了上天无路入地无门的境地……回家的路上，我给老伴留下遗嘱：1.你要好好善待年幼的女儿；2.我走后半年，你一定要找一个比我脾气好的人陪伴你；3.希望你把我的骨灰，洒在绿水青山之中。老伴拉着我的手，抚慰着我说：“我们一起想办法，一定会有办法的。”当晚，他就给我煲红枣枸杞莲子汤；还给兄弟姐妹打电话，到处请人买甲鱼，求助妇产科的护士要胎盘。第二天上午，带我去广安门中医医院肿瘤科，请段凤吾主任医师给我开中药调理，提升我的白血球与血小板，调理我的脾胃，改善我的睡眠；还与我约法三章：家里不准有哭声、闹声、吵声，一定要有聊声、笑声、歌声。每天傍晚陪我散步、教我唱歌，陪我说笑。清晨，护送我到八一湖畔练功。在练功的路上，又看到一年四季游泳的人群，他们个个精神抖擞，于是，他又鼓励我学游泳，让我上午练郭林新气功，下午去游泳，以增强我的肺功能，全面提高我的免疫力。

为了加速身体的康复，48岁的我决心开始学游泳。从六月到九月，我不仅学会了游泳，还能够坚持少量多次地完成每天100米的游泳任务。经过四个月的努力，我咳嗽减少了，饭量增加了，睡眠改善了，体质增强了，我喜出望外。第二年的初夏，我便开始下水游泳了，一直到了秋末，这之间，常还能够在老伴与游友的鼓励与陪伴下，横渡2000米的八一湖。坚持一年四季游泳的朋友们总是不断地鼓励我：从夏游到秋，从秋游到冬，当你游到春天的时候，你内心的自豪感与幸福感，会充实满满。那份内心的美好享受，是总统与皇帝都没有的！为了健康的生命，为了真正快乐幸福的人生，我日复一日地坚持游下去，老伴也全力支持我，帮助我坚持冬泳。

1983年11月7日立冬的那一天，是我最难忘的日子。秋风嗖嗖，落叶飘零，大地与湖面冷冷清清，老伴紧紧拉着我的手，对我坚定地说："越是困难越向前，为了健康的生命，勇敢坚持！不管游多少，下水就是胜利！"立冬这一天，由于风沙大，我虽然只游了20米，但我闯过了冬泳的第一关！我露出了得癌以来最开心的笑！从此，一年四季，春夏秋冬，风霜雨雪，365日，我上午到八一湖畔习练郭林新气功，傍晚就到东湖游泳；数九寒天，冰天雪地，北风呼啸，我也无所畏惧！

1984年的春节那一天，大雪纷飞，气温零下18度，八一湖畔的冰面上，孩子们在滑冰。老伴陪着我在岸边做冬泳的准备活动，慢慢降体温，羽绒大衣、毛衣、毛裤、棉毛衫裤，脱了整整40分钟才穿上了泳装。寒风吹着，雪花打着，老伴紧拉着我的手，高唱着：冰封大地的时候，你正孕育着生机一片……然后又是那句激励我的话：越是困难越向前！走到冰湖凿开的20米宽50米长的冬泳池边，用零度的水拍我的颈部、腋下、胸口、膝盖，两脚又沾沾冰水，岸边游人、冬泳游友的赞扬声、鼓励声不断，我的老伴大吼一声："下！"我跟随其后，勇敢地游啊，游啊。10米、20米、30米，身心经历着严寒的洗礼，我已无惧无畏！回头上岸，发梢已经结冰，全身皮肤红彤一片，欲与晚霞比美。气血通畅，我心中的兴奋和豪气无法比拟。我对着天地呼喊："太棒啦！我胜利啦！"内心感受到了：生命真是伟大！这是冬泳开发了我生命的潜力与动力的结果！我与老伴天天坚持游啊游，10年如一日地坚持游泳！我战胜了严寒、懦弱！我强大了！我健康了！

第三，致力郭林气功，造福人民健康。

半个世纪以来，郭林新气功已经成为癌症患者开发生命动力的一把"金钥匙"！38年来，我见证了它的威力！

1971年9月4日，郭林老师带着她的"新气功疗法"走向了社会，北京的东单公园、地坛公园、紫竹院公园、北京各大学……都有了郭林新气功吸吸呼的足迹；走投无路的癌症患者，运用郭林新气功抗癌，“群体抗癌”风起云涌，有力地推动了社会医学模式的改变。

1991 年 1 月，北京八一湖抗癌乐园成立，高文彬任园长，于大元任副园长，我担任了秘书长，率领、组织习练郭林新气功的癌症患者，在北京轰轰烈烈开展了自救互助的群体抗癌活动，其声势波及到全国，乃至东南亚地区。

1993 年 3 月，北京各大公园习练郭林新气功的癌症患者联合起来，成立了北京抗癌乐园。于大元老师又率领我们，走遍全国的城市、农村，传播郭林新气功。全国各地在哀叹声中的癌症患者，迅速以郭林新气功为纽带，组织起来，成立了自己的群体抗癌组织，群体抗癌的队伍迅猛发展、壮大，习练郭林新气功的癌症患者如火如荼，癌症患者的康复率、生存率以及生活质量也在不断地提升。

1998 年 9 月 26 日，“生命绿洲”纪念碑在北京八一湖畔的小山坡上落成，有 2000 多位来自国内外的习练郭林新气功的癌症患者代表参加，日本、新加坡、马来西亚都有代表团参加了大会。时任北京市市长贾庆林与北京抗癌乐园园长于大元共同为“生命绿洲”揭幕。这是郭林新气功传承史上的里程碑，是郭林新气功走向社会、参与抗癌产生的巨大的社会效应，它促进社会医学模式作出重大改变。癌症患者从消极等待变为进行积极的抗争；由被动地接受治疗到主动地参与治疗；由个人的单打独斗走向了群体抗癌；由单纯的生物医学模式，走向了社会、心理、生物医学相结合的综合医疗模式。郭林新气功为癌症患者开辟了一条具有中国特色的抗癌康复道路：以健康的心理为统帅，以自我心理治疗为先导，首选西医，结合中医，科学饮食，坚持郭林新气功，营造好康复的内、外环境。这是郭林新气功对人类抗癌事业的巨大贡献。

20 世纪末到 21 世纪，郭林新气功走向世界。马来西亚、新加坡、澳大利亚、德国、法国、加拿大、美国，学练郭林新气功的癌症患者，风起云涌。癌症患者积极学练郭林新气功，从对癌症无可奈何、无能为力，变有能为力，每天拿起郭林新气功这个武器积极抗争，癌症患者的康复率、生存率、生活质量等都在不断地提高与提升。

郭林新气功从它的诞生、发展、运用、成果方方面面都给人类的抗癌与人类的健康带来喜悦与希望。郭林新气功走向社会、走向世界，造福人类抗癌康复事业，这是划时代的伟大创举！我亲眼目睹了，也亲身经历了，我为之欢呼，我为之骄傲！

38 年来，我与郭林新气功优秀传统文化结缘，它滋养了我的灵魂，修炼了我的身心，我无比地感恩。遵循郭林老师“致力新气功，造福为人民！”的宗旨，以“尊重原创、正本清源、朴实传承、造福健康”为传承理念，推进郭林新气功造福人类的抗癌康复事业的发展，是我做人应尽的一份历史责任与社会义务。

今年，在纪念郭林老师诞辰 110 周年的日子里，我倡议开启学习“郭林原创”社会公益活动——网络读书，进行交流，提升了癌友对“新气功疗法”优秀传统文化的了解与认识，也提高了他们辨证运用“郭林原创”的水平，这对帮助与促进癌症病友的康复有极其重要的意义。有近 3000 位海内外热爱郭林新气功的学子参加读书学习活动，80 余名志愿者参加服务，历时四月有余。阅读“郭林原创”的人数近两万人次，写出心得体会 3000 篇，优秀学习心得体会 230 篇，教师团队优秀答疑解惑文章 5 篇 14 个问题， 各群讨论答疑 45 次，纪念郭林老师诞辰 110 周年优秀文章 40 余篇共计 20 余万字。

传承弘扬郭林新气功，为自己、为癌友、为人类的健康造福；尽一份应尽的历史责任与社会义务。

85 岁，即将过去，我会追寻着郭林老师的足迹，向着未来的生命之路前进！

七（起）四（死）回生

——京城两代中医与郭林新气功轶事

张大宁

作者张大宁，原中国人民解放军后勤学院门诊部中医科主任，现任北京鹤年堂中医医院名誉院长、北京鹤年堂中医药研究院院长，同时担任北京抗癌乐园及上海癌症康复学校医学顾问。其父张仁济是京城四大名医施今墨之入室弟子、北京百草治癌研究中心创始人、中国边缘科学研究院研究员。

父亲与郭林新气功

父亲张仁济早在九十年代初就已开始关注郭林新气功。作为专攻癌症领域的名老中医，父亲提倡多种方式结合应对癌症，这其中就包括了药物与非药物结合、医疗与非医疗结合的“功药结合”模式。

郭林新气功讲究施功的个体化、差异化。根据患者情况定制功法，使其导体令柔、导气令和，达到增强机体免疫力，提高身体素质的目的。这种定制式的施功方式与中医的辨证论治如出一辙，与家父提出的“中医免疫疗法”相辅相成，因此，父亲对郭林新气功大加赞赏。

1980 至 1990 十年间，家父诊治了十余万人次的中晚期肿瘤患者。其中部分患者通过习练郭林新气功，再加服用中药，康复效果显著，长期生存者比比皆是。出色的疗效引起了时任北京抗癌乐园园长于大元及郭林新气功研究会会长李平的关注，他们主动联系父亲，希望其从医学角度指导郭林新气功在癌症康复中的运用。

父亲欣然同意，这也促成了我与郭林新气功的结缘。

张仁济（左二）与郭林新气功主要领导人员，
右一为李平会长，右二为李维亮委员，右三为于大元园长，右四为刘书华秘书长

1995 年 6 月，我与于大元等人共同主办了北京郭林新气功培训中心成立大会，于大元、李平、孙云彩、何开芳、李家庆（湖北省肿瘤医院外科主任、郭林老师学生）、冯礼达（海军总医院副院长、国家气功研究会会长）、高文彬等老师出席了会议，共同商定了郭林新气功的推广普及方案，并就郭林新气功与传统中医中药结合应对肿瘤康复进行了深入的交流探讨。

图为北京郭林新气功培训中心首届结业留念

随着与郭林新气功组织的深入接触，我对郭林新气功也有了更多的了解，并从中医角度论证其原理：看似简单的行功，却是意、气、形的磨合，“意引气，气引形”，通过意识控制、呼吸吐纳、功法形态，达到平衡阴阳、调和气血、疏通经络的目的。中医理论所提到的天人合一、辨证施治、同病异治、异病同治、内病外治、外病内治、上病下治、下病上治、双向调节等理论在郭林新气功里均有体现。

父亲对郭林新气功的肯定以及我在临床中观察到的疗效，让郭林新气功成为我在肿瘤预防、治疗和康复中的重要辅助手段，遇到适合的患者，我会推荐他们去习练郭林新气功，收获了很多成功案例。

张仁济先生从医 60 周年纪念活动
左一为于大元，左五为姜培刚，左六为李平会长

科学、合理的运动也是一剂良方

2007 年 9 月，王女士因卵巢癌来我处就诊，我建议其练习郭林新气功配合服用汤药，功药结合帮助她改善肿瘤术后不适症状，达到防转移、防复发的效果。如今，王女士已是北京朝阳公园郭林新气功辅导员，深受习练者们的信任和赞扬。

新加坡晚期肝癌患者李某（24 岁），经过一段时间的汤药治疗后病情有所控制，我推荐他跟随北京朝阳公园的姜老师习练郭林新气功，经过 4 个多月的学习，李某掌握了郭林新气功的基本功法，回国后继续练习三年，肝癌得到了稳定控制。

2001 年，我被诊断为右乳乳腺癌，同年进行乳腺癌改良根治术。术后因白细胞过低，不适合放疗、化疗，故选择以中药治疗为主，辅以郭林新气功。之后的几年，我一边为自己开药、服药，一边坚持门诊工作，并间断性的习练郭林新气功，身体逐渐得以恢复。

2010 年，西医儿科专家宋医生被诊断为卵巢癌。患病后，宋医生自己主宰着疾病的治疗方案，"八个小时的手术，术后我摸了摸自己的肚子，就知道这个病也就这样了（预后不佳）"，半个月后，化疗中的宋大夫发现肾脏、肺部都出现了转移。化疗的副作用、手术的惊恐，让宋大夫陷入了绝望，回忆起其父曾在我处治疗肝癌，在中药的帮助下生存 14 年之久，故决定找我进行中药治疗。

从医生变成患者，角色转换所带来的压力是非常巨大的，我能体会到宋大夫的不安，本能的想要帮她转危为安。但是，漫长且艰难的疗愈期让宋大夫身心疲惫，看到她苦楚的样子，我的内心也十分煎熬。

为了帮助宋医生重拾信心，我提议与她共赴上海，参加癌症康复学校举办的郭林新气功学习班——既为了疗愈宋大夫的疾病，也为了系统的学习郭林新气功的功理、功法。暂停了门诊工作后，我们踏上了上海之旅，成为 2010 年第四期（总第

74 期）的郭林新气功学员。

说来有趣，“七四”谐音不祥，可我们班的同学将不祥变为动力，喊出了“起死回生”的口号，习功的经历也的确让我和宋医生如获新生。身体上的“松静”引导精神上的安宁，“圆、远、软”，既是身体上的三字诀，也是心灵上的境界：行愈圆、思愈远、态度愈柔软。这是曾经的我未曾有过的经历，原本因坚强带出的强势，在一招一式间完成了归真。

功毕，我的身体得到了修正，我的心灵得到了洗礼。

宋医生也如我一般，她不再纠结于治疗手段，阳光和自由填进了她的心扉，控制疾病成为了顺其自然的结果。现如今，又一个十年即将过去，我和宋大夫依然奋斗在各自的领域，用我们的所学所悟回报社会。

学功期间的合影

亲身学功后，我常常思考中医治癌的新路，每每想起父亲出诊时的模样，那饱经沧桑的声音似乎在耳畔低吟：“治疗癌症，方法多样，你既是医生，又是患者，更应该多观察体会，将自己的不幸化为经验为更多的病患带来福祉。”

透过郭林新气功，我对于癌症的治疗有了新的感悟，完善了中医抗癌的系统性，更了解了父亲的良苦用心：医学不是单行道上的独自奔跑，而是运用多种手段的团队接力。明确治疗目的，把握治疗过程，灵活配伍医药、运动、饮食、个人信念、群体关爱……这便是父亲对待医学的开放精神，是施今墨先生主张发展中医的方向。

十年来，我身边出现了数不清的、习练郭林新气功的中晚期患者，他们用绝地生存的顽强、群体抗癌的精神力量、郭林新气功赋予的运动支持完成了起死回生的故事，这些奇迹让我认识到运动是癌症康复必不可少的良药，科学、合理的运动也是一剂良方！

张大宁工作室·仁济百草团队

生命如此执着

——我与郭林新气功的生命故事

李英伟
（山东）淄博抗癌健身乐园

得癌后的生命为何如此执着？是因为我心中始终揣着对明天的希望，心怀希望，眼前才会永远有希望。

——题记

正如柯岩老师在《癌症≠死亡》中说的那样，2001年，我也是流年不利。从年初开始，不知何时起来的皮疹愈加严重，从头到脚，痒得钻心，让你坐立不安、彻夜难眠。再加上几乎没有间歇的无缘由的剧烈咳嗽、起床后的咳血、傍晚一定准时开始的低烧，将我折磨得疲惫不堪……

与癌结缘

2001年7月17号，一夜的剧烈咳嗽让我无法安心工作，我决定去医院做全面检查。

报告还没出来，医生惊讶的表情已让我明白：身体真的出问题了。而后的报告单上清晰标注着肺纵隔长出的肿瘤大小：20cm×9cm×12.8cm，与心脏粘连，顶弯了三条胸骨，侵及胸骨及软骨组织。

最终，在中国医学科学院肿瘤医院，我被确诊为弥漫性大B细胞淋巴瘤。无法手术，只能保守治疗。

专家预言：生存期最多两个月……

那时候，35岁的我，正处在上有老、下有小的阶段，中间还有妻子和凡事都要依赖我的弟弟妹妹……

在医院治疗的那段日子，可以说是我生命中最艰难的时光，医生最多两个月生存期的预言、对亲人的挂牵、大剂量的化疗，让我每天在痛苦和煎熬中度过……

生命似乎没了出路，我没了未来。

初识郭林新气功

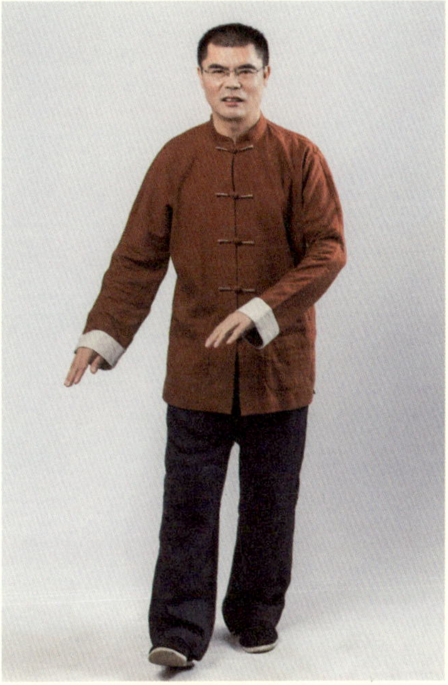

2001 年 9 月的一个下午，我正百无聊赖地躺在病床上，同病房的陈教授兴冲冲地从外面进来，手里扬着一本书，兴奋地对我说："小李，快看看！抗癌明星写的书！"

抗癌明星写的书？我心里诧异着，接过书，迅速扫了一眼书名——《与癌症康复者谈抗癌》，于是便急切地开始翻看内容。

这是一位叫高文彬的前辈写自己如何与晚期肺癌抗争的书，我被他的抗癌经历深深震撼着，而书中所节选的著名作家柯岩的报告文学《癌症≠死亡》，不仅让我认识了于大元老师等抗癌明星，更知道了郭林新气功，从中感受到了群体抗癌的力量。

那天下午，那本书我一连看了两遍。

心一下热了起来，我恨不得立刻飞过去，去见见书中的那些人。

第二天一大早，我和妻子就坐上了去公园的第一班车。

也许是好事多磨，那一天，我并没有找到于大元老师他们。隔几天再去，又是扑了个空……

2001 年 10 月 2 日一大早，我再次来到玉渊潭公园，远远就看到"生命绿洲"石碑那里围满了人，我心里一阵激动，竟一路小跑着奔过去……

一位浓眉大眼的中年男子操着浓重的四川口音，正给大家讲着话，人群中不时响起热烈的掌声和叫好声。

是于大元老师！虽然没见过面，但他的形象却早已烙印在我心里。

我踮起脚，仔细地听于老师的讲话："我的病很重，肛门搬到了肚子上，两个孩子还小，我得想办法活下来！后来，我开始和郭林老师学气功，是郭林老师救了我的命……"

我一边听，一边眼泪像断了线的珍珠般流下来，就像见到久别的亲人，心里是那样亲切和激动。

后来才知道，那天是何开芳老师主讲的培训班开班，请于大元老师来为大家鼓劲儿。

就这样，我一脚踏进了郭林新气功的大门。

神奇的郭林新气功

实话实说，最初毫不犹豫并满腔热情地报名参加郭林新气功学习班，一大半是因为那里的氛围好——无论是新病友还是老学员，都是笑脸洋溢、精神抖擞、元气满满的。你根本看不出他们是癌症病人，更看不到他们有丝毫的绝望和沮丧，无论你心里有什么解不开的疙瘩，只要在班上一说，大家你一言我一语的开导，便会让你心里的结烟消云散了。那情景和氛围，是医院里绝对看不到，也想不到的。

打那以后，只要是学功时间，除非正在化疗，我是每次必到。

真正感受到郭林新气功的神奇，是在第四次化疗以后。由于化疗剂量大，我的血象降到了一千以下，但我并没有像前几次那样马上打升白针，而是想先试一试郭林新气功到底有没有点疗效。于是，我每天早上五点钟准时到病房楼下的花园去练功，并特意加强了低指标升降开合的练习。

神奇的是，没过几天，我的白细胞就开始回升，从最初的 900 多到 1000 多、2000 多、3000 多，最后一直升到了 5000 多……

我心里高兴极了，医生和护士也感到惊讶，一直问我吃了什么药，或者什么东西？那时起，我从心里开始重视起郭林新气功来，并暗自下定决心：一定要练好这个功！

我的治疗接近尾声，但最后 7cm×3.5cm 的肿块却怎么也不再缩小。直到练功一年以后，肿块竟完全消失。

当初被判定最多活两个月的我，靠着合理的治疗和我自己一点一滴的努力，又重新获得了生命！

我也成了老师那样的人

从见到老师们的那一刻起，我就决心成为他们那样的人。

2002 年 5 月我出院以后，就开始筹备淄博的癌症康复组织，同年 10 月，在我的百般央求下，于大元老师破格让我参加了他主讲的“郭林新气功辅导员讲习班”，并在结业典礼上作为学员代表发言，取得了于大元老师签发的郭林新气功辅导员资格证书。

2003 年 8 月，“淄博抗癌健身乐园”正式注册，成为淄博第一个民间群体抗癌组织。

2007 年，淄博抗癌健身乐园被评为“感动淄博”年度人物；2009 年，我荣获山东省首届“慈善奖”。

2008 年至今，我主讲了 90 余期郭林新气功培训班，人数最多的一期学员超过 300 人，我的癌症心理疏导课，也被大家亲切地称为癌症康复“心脑通”。

2009 年 3 月，淄博抗癌健身乐园摄制组成立，我又开始了整合民间抗癌文化及采访抗癌明星的工作。

受法国友人的邀请，自 2016 年起，我在法国连续举办了四期郭林新气功培训班，95% 的学员来自法国和欧洲其他国家。

沿着老师们的足迹前行，我也成为了老师那样的人。

将郭林新气功课堂搬到手机上

我们举办的郭林新气功培训班，从最少只有 4 名学员，到超过 300 人，说明知道郭林新气功并主动来学功的人越来越多，这是可喜的。但如何让学员短期内掌握并消化数量庞大的课堂信息却令我们头痛。很多学员参加完学习班，对于功理功法，依然是懵懵懂懂，一头雾水，不知道该怎么练，更不用说辨证练功了。

如何让学员能随时便捷系统地复习所学过的内容？如何让正在治疗的病友也能学习郭林新气功？怎样将郭林新气功课堂搬到手机上？这些想法始终在我脑子里萦绕。

2016 年 5 月，我们策划的郭林新气功教学用手机 APP 投入开发。

2019 年 4 月，以郭林新气功课堂教学为主的“抗癌健身大家学”手机 APP 上线，好评如潮。目前，其中的初级功和吐音功两个版块已完成拍摄，提高班与辨证班课程正在设计和拍摄中。

“抗癌健身大家学”手机 APP 课程录制现场

运用现代信息技术，我们将郭林新气功课堂搬到了手机上，实现了将“郭林新气功课堂带回家”的梦想。

同时，受郭林老师家人的委托，2019 年 10 月，我们开始在升级版的“抗癌健身大家学”手机 APP 上设计创建网络版“郭林新气功纪念馆”，拟将郭林老师的日记、画作、书信往来、历史剪报、照片、有纪念意义的实物、功法录像、部分教材内容和讲课录音以及学生对老师的回忆等收入其中，让大家更近距离、更深度地了解和认识郭林老师及其慈悲胸怀，从而加深对郭林新气功的理解认识，坚定学练郭林新气功的信心和决心。

网络版“郭林新气功纪念馆”将择日开馆，扫描上方二维码，
实时关注“抗癌健身大家学”APP

郭林新气功在癌症康复中的作用之思考

光阴似箭，转眼我已康复 18 年。近 20 年的康复之路，不同结果的癌症病友我见过了太多：成功的，失败的，几乎没有可能却成功走出绝境的，成功以后又重蹈覆辙的……

这一切，不断引发我对郭林新气功在癌症康复中的作用这一问题的思考……

思考一：成功者与失败者

可以说我是幸运的，住院治疗期间就开始学练郭林新气功，并成为受益者。这些年，也见到过太多和我一样，靠着郭林新气功和综合治疗手段走向康复的朋友。

2013 年 10 月，我们对在淄博莲池公园练功的病友做过一次调查：2008 年开

始在这个公园练功的 72 名病友中，有 6 位离世，11 位无法联系到本人，正常练功病友的五年生存率在 76% 以上，远远超出临床医学统计。

在被病友称为“癌症康复小延安”的山东理工大学练功点，有通过练功带瘤生存 8 年的小细胞肺癌脑转移患者，有三个月让肺癌脑转移病灶彻底消失的病友，有半年时间胰腺癌彻底康复的病例，还有乳腺癌多发肺转移、肝转移、骨转移、淋巴转移八个月完全康复的实例……而郭林新气功也不是万能的，总有一些病友一边练功病情一边发展，最后遗憾告别人世。

于是，就有郭林新气功也不过如此，练了还是会死人的说法。

在这里，我想说的是，癌症是一个世界性难题，郭林新气功也不能包打天下，她不仅需要坚持练习，更要看你怎样认识她和怎么练她。无论怎样，对于整个世界医学还没破解的癌症，鼓励患者振奋精神，坚定信念，积极主动地参与到癌症治疗与康复的第一线中去，与那些自我封闭、悲观失望者相比，总有着积极正向的意义。

思考二：练与不练的区别

得了癌症，练与不练郭林新气功到底有啥区别？这个不好主观地下结论，练郭林新气功有活下来的，不练也有活下来的。

这里我要说：练习郭林新气功活下来的人，的确比不练功活下来的要多，练功者的五年生存率要远高于临床医学统计。全国各地癌症康复组织的统计数字上都说明了这一点。

还有非常重要的一点是，练功与不练功的人的生存状态和生存质量大不一样。练习郭林新气功的人能快速融入到抗癌群体中，群体抗癌的氛围不但能使人乐观坚定、积极向上，更能在彼此交流中取长补短，相互鼓励和支持，战胜疾病的信念和勇气会不断增强。而脱离群体抗癌大环境的支持，是很难做到这些的。

练与不练的区别，并不只是存活时间长短的问题，更包括活着的状态与质量。

无论你相不相信，练习郭林新气功活下来的癌症患者总比不练功的多。

思考三：你还在犹豫什么？

郭林新气功在社会上已经传播了半个世纪，拯救了无数癌症患者的生命，成为癌症康复的一个有力手段。可是，我国每年新发现的几百万癌症患者中，又有多少人能在第一时间知道郭林新气功，并去主动学练郭林新气功呢？

有些人，你越是想主动把郭林新气功介绍给他，他越是怀疑和抗拒。有的因为是熟人，抹不开面子，会说："哦，这样吧，你先去学习，等你学好了，我再跟你学。"可是，往往别人学好了，他却离开了。

一位教功老师说得更实在：有郭林老师留给我们的这个救命功法，我们已经感恩不尽了，哪里还有理由去抗拒和犹豫啊！你怕苦、怕累、怕冷、怕热、怕雾霾、怕丢人，可就是不怕死！

这里我想说：朋友，请珍惜老天留给我们的宝贵机会，放弃固执和自以为是，赶紧融入到癌症治疗与康复的第一线中来吧，时不我待。你是自己健康的第一责任人，我们自己不去努力争取，谁又能拯救你的生命？

既然如此，朋友，你还在犹豫什么？

思考四：我们为什么向癌症患者强烈推荐郭林新气功？

对于每一位癌症患者，郭林新气功应该是方法、是希望，她不仅能振奋患者的精神，还能让我们从被动走向主动，从消极走向积极，在自我努力中看到光明与希望。

其次，郭林新气功就像强有力的粘合剂，把孤军奋战的癌症患者凝聚到一起，通过练习郭林新气功，实现癌症病人从个体到群体的转变。在群体抗癌大家庭中，大家抱团取暖，用榜样的力量激励自己，让自己心怀希望，拥有力量。

通过练功，能让癌症病人真切感受到饮食、睡眠、体力、精神等方面的点滴变化，增强患者自我努力的信心和决心，增强自信力。从这点来说，郭林新气功是癌症患者实实在在的菜篮子、米袋子，是癌症康复不可或缺的有效手段。

因此，我们向癌症患者强烈推荐郭林新气功。

郭林新气功呼唤大数据

郭林新气功能治病抗癌吗？当然能！这是经过无数癌症及慢性病患者近半个世纪的实践证明了的，毋庸置疑。

既然如此，为何不将其作为治疗手段之一纳入医疗范畴？那么多癌症病人为何不在第一时间积极学练，相反，却怀疑和抗拒呢？

说到底，是因为郭林新气功缺乏科学指导下的大数据的积累。那么，建立郭林新气功大数据有何重要意义？

意义之一：郭林新气功不仅是治病抗癌的重要手段，更是有益于人类健康的自然疗法，符合中国传统医学理念，带有中华文化烙印。因此，如果有完整意义上的郭林新气功大数据，那么，这种身心合一的运动方式，则完全可融入“健康中国”的大概念中，成为可以辅助“健康中国”的大数据，既能为政府在全民健康决策方面提供参考，又可促进郭林新气功的传播推广。

李英伟在郭林新气功培训班课堂上

意义之二：郭林新气功大数据可以为医疗部门增加医疗辅助手段，能激发病人的积极性、主动性，减轻病人医疗费用压力。

意义之三：郭林新气功大数据能够让病人清晰看到其治病抗癌的作用，明白其原理和依据，破除气功迷信色彩，从而让病人相信气功的科学性和有效性，相信西医、中医与气功三结合治愈癌症的可靠性。

郭林新气功大数据的建立，是一个复杂的系统工程，牵扯面广，跨越时间长，病例跟踪难度大，参与的部门多。但"健康中国"需要这样的大数据，现代医学需要这样的大数据，癌症和重症患者的生命更需要这样的大数据。

郭林新气功需要并呼唤大数据！

后记：朋友，我想对你说

近几年，我经常有写书的冲动，想从我为什么会得癌写起，谈谈我对癌症的认识和理解，和大家一起探讨癌症为何找上了你？该如何让癌症走开？想结合自己近20年的练功与教功经历，跟大家聊聊郭林新气功是什么？为什么要练？怎样练才会有效果？每天总有功友在微信群里请我解答练功中遇到的各类问题，我也想把这些问题分类整理出来，出一本关于郭林新气功问题解答类的书。

都说性格决定命运，这话一点不假。想想自己的过去，就知道我为什么会得癌：急躁、认真、追求完美，凡事亲力亲为，不自信，特别在意别人的评价，操心事儿多，想要的也多……再加上不规律的生活，以及喝酒、吸烟等不好的习惯，分析来分析去，其实癌症就是我们自己招来的。

但癌症一定不会是生命的终点，万事万物既然有来龙，就一定会有去脉。从另一个角度看，癌症更像是在提醒我们：不能再这样下去了，要赶紧改变，重新换一种活法。从这个角度去看癌症，又好象是我们另一个新生命的开始。

或许从得癌那一天起，我们的生命就已经变得与众不同了。

拼搏抗争 探索求知 奉献社会

赵继锋
男，1952 年生，青岛市市南区建管局退休。

1986 年 8 月，我被青岛第四、第五人民医院同时诊断为直肠癌，并在青岛第四人民医院进行了手术。手术是六位医生分三组同步进行的，两位剖腹游离组织器官切除病灶，两位肛门环切，还有两位切开臀部取两束臀大肌。手术游离腹腔器官清扫淋巴结，肛门环切后将直肠拖出体外切除病灶，再用臀大肌做人工肛门。缝合腹部 24 针、肛周 22 针、臀部 18 针（共计 64 针），手术切除近十厘米病灶及二十多厘米的直肠与结肠。病理报告为：直肠低分化腺癌，浸润全层达脂肪组织，肠系膜淋巴结癌转移，判断为中晚期。后又经上海复旦大学肿瘤医院复查病理切片，结果同上。

术后开始化疗，使用阿霉素、丝裂霉素、5FU 联合化疗，当时的我反应剧烈，病床旁要放置脸盆应付随时而来的呕吐不止。心慌脱发，吃不下饭，睡不着觉。第二疗程化疗后出现中毒性肝炎症状，转氨酶高达 360 单位，皮肤与眼球出现黄疸，白细胞降至 2000，且心律不齐有早搏。

病床上的我终日思绪万千。身体的创伤持续地疼痛，吃饭要人伺候，肛门没有了导致大便要人清洗，治疗需要用钱……这样折腾几年活下来的希望会有多大？会不会家破人亡、人财两空？如果是那样的结果还不如早些……在悲哀无望的情绪中，觉得让家庭和我都早些解脱会不会好过一些？

心理的恐惧、手术的创伤、化疗的反应，导致我的身体每况愈下。每当看到同病房的病友被抬出，听到其家人那撕心裂肺、犹如天塌地陷的哭声，我仿佛就看到了自己的未来。我恐惧绝望了，下一个是否轮到我……人生就这样了结了。

我终日精神恍惚、神不守舍。透过病房的玻璃窗，看着街上行走的大人与孩子，我想到自己的娇妻、爱子。我不在以后，妻儿、父母、这个家会是个什么样子？健康是多么幸福，活着是多么美好，可癌症将剥夺我活在这个世界上的权利。

手术后经过两次化疗，我出现肝中毒，我认为是青岛医生的化疗方案有问题，于是向单位领导提出要到上海找名医做治疗方案，单位领导陪同我与爱人满怀希望来到上海复旦大学肿瘤医院。当拿到曾留学美国的国内最有名望的肿瘤专家的化疗方案时我的头懵了，化疗药物与青岛的方案完全一样，且用药的剂量比青岛的还要大。我说："在青岛就是这个方案把肝打坏了。"专家说："这是根据你的身高、体重计算的耐受量，是国际标准的化疗方案。你腹腔淋巴有转移属晚期了！ 等肝养好了再打！"权威医生的话使我最后的一线希望也破灭了，变成了失望和绝望，犹如再一次掉进了无底深渊。

化疗无法进行，意味着西医的治疗无望。绝望中的我与爱人带着不满四岁的儿子，一家人来到北京，住在五姨家寻求中医治疗。

后来，姨夫听同事说郭林新气功能抗癌，在北京紫竹院公园与玉渊潭公园有人教授，听说效果不错，于是劝我前往学习。当时的我一是不太相信；二是大便不能自禁，外出看病都麻烦，练气功困难会更大，所以不以为然，没有在意。可当我读了著名作家柯岩老师写的《癌症≠死亡》这篇报告文学后，心里产生了想法， 书上写的真实吗？莫非郭林新气功真有作用？我人是在北京为什么不前往看个究竟？

我怀着忐忑疑惑的心情来到了玉渊潭公园八一湖畔，见到了许多北京和外地学功的病友。

自检查出癌症就与医院结缘，看到的全是悲哀无助、恐惧沮丧的面孔。可眼前病友交流与练功的场面给我以心灵的震憾，这里完全没有医院中那种目光呆滞悲戚的场面，像是游园中人的聚会笑声不断。

仔细问询得知他们全是癌症患者，有的病情比我还严重，有的已经多处复发转移，还有的已进行了多次手术，但他们与常人一样乐观地谈笑风生。他们中间有的闯过了三年、五年、十年，有的已正常上班工作，还有的成为了郭林新气功的辅导员。

特别是《癌症≠死亡》一书中提到的抗癌明星们就在我的面前！于大元老师那幽默、激昂的讲话和明晰的抗癌哲理，高文彬的平易近人、慈父般的和蔼可亲，都给予大家鼓励。

这些中国民间群体抗癌开拓者与实践者们的抗癌经历给了我心灵的震撼。扪心自问：这么多的人活了下来，我为什么不能？大家都不怕，我为什么害怕？一直沉浸于悲伤、恐惧、绝望中的我看到了一片生命的绿洲，看到了希望的曙光。

有了郭林新气功，就像有了武器，使我树立了与癌症抗争的决心与信心。

当时我的身体极度虚弱，肝功能与心电图都不正常。家住六楼，上楼都要扶着墙慢慢上，进屋就要上床休息。由于药的副作用导致肠胃功能紊乱，大便稀溏。原位人工肛门又无法控制，随时随地地出大便，经常发炎红肿，这给日常生活及练功带来了极大困难。

我一般是早晨四点左右外出练功，那时天还不亮，出来大便就借马路灯光来处理，公厕不开门就到海边换洗，每天要把换下来的粪布袋先放隐蔽一角，练完功再捎回家清洗。

练功是很苦的，关键在坚持。每当遇到困难，我就会想到妻儿、父母、亲人为我的付出，我还没有尽到丈夫、父亲、儿子的责任。生命只有一次，既属于我自己，又属于大家。夏天倾盆大雨、蚊虫叮咬，冬天风雪交加、天寒地冻，我都坚持练功。中秋佳节和大年三十晚上练完功后再与家人团聚。大年初一照常早晨四点钟起床练功，在公园与病友们相互拜年，互祝在与病魔的抗争中又迎来了新的春天。

为了提高自己的气功理论水平，1988 年我参加了国家中医药管理局主办的“中华气功进修学院”第四期学习班，使我受益匪浅。通过深入学习研究气功，我感悟出了人生的哲理。气功这门研究人性命的学说，不只是在教你修身练功，更能教你怎样做人、养性、处世，是人生修行的过程。

研究人员发现肿瘤的发生与目前社会人群中缺乏体育运动有关，中医与气功认为“瘤”是病气滞留在体内不得疏泄。肿瘤是体内属阴质的新生物，故肿瘤患者多是阴寒体质，出现畏寒怕冷、手脚冰凉的症状。要改变这种体质必须增加体内的阳气。“动”能生阳，必需进行适当的运动才能促进气血的循环，改变得癌的体质。

我每天的生活主要是以练功为主，辅以游泳、学习、饮食调养和休息，日常生活安排得规律而充实。在练功中，我体会到老子“致虚极，守静笃，万物并作，吾以观复”之境。“人在气中，气在人中。文火不灭，潜意调控”。自己进入了较高级的气功态，行、住、坐、卧都用潜意识调控自己，甚至在大海中游泳，我都以潜意识调动内气协调动作，用意念吸取大海的能量，与海浪的节律和谐呼吸。

躺在舒适的沙滩上仰望蓝天，呼吸新鲜的海风，我心旷神怡，犹如进入仙境。内心呐喊着：“我回来了！”啊！活着是多么的美好！

与冯理达教授

与郭林老师的先生林晓老师

与于大元老师

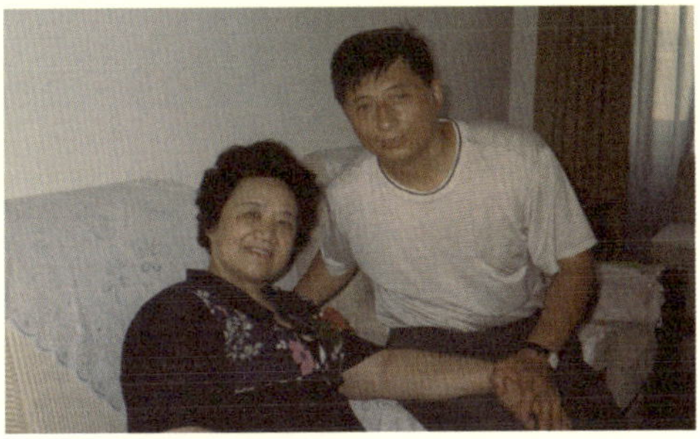

与柯岩老师

回顾我二十多年的康复经历，细数着自己走过的每一个脚印，我主要有六大感受。

一、要尽快走出家门，加入群体抗癌组织

群体抗癌是我国癌症康复的特色，在群体抗癌组织里可以学到抗癌知识，吸取群体力量，得到信心勇气，看到康复希望。由无为变有为，由被动变主动。自己参与管理自己的康复，这是走向康复的第一步。

二、要找到自己患病的原因

癌不是从天上掉下来的，得癌是有一定的因果关系的。找到原因，即病根，换一个活法，建立起新的生活方式，便会逐渐改变得癌的内环境。

三、要三分治七分养

在治疗上大家基本采取一样的手术、化放疗治疗手段。在目前癌症规律不明、尚未攻克的情况下，医学治疗上有一定的困难，但调养上却各有不同。能不能康复，如何调养起着重要作用。所以要注重精神、饮食、生活方式等方面的调养，将抗癌融入生活之中。

四、要持之以恒地锻炼

练郭林新气功以及根据自己的情况锻炼，都要持之以恒，要有规律、有计划地进行。应当充分认识到，要改变得癌的内环境，不是一朝一夕的事，只有积累到足够的量，才能有质的改变。在康复过程中，要做到战略上藐视、战术上重视，坚持打持久战才能彻底战胜癌症。这世间所有的胜利，都属于勇敢、坚强、智慧和不屈的人。

五、要善于学习、总结经验

知识改变命运，无知必定恐慌。自身的生理、心理状态与疾病都是在一个变化的动态之中，与癌症的斗争要知己知彼，练功也要知理明法。这就要多学些知识，“在战争中学会战争”才能做到自己参与管理自己的健康。

六、要有好的家庭环境

好的家庭环境与亲情会增强患者战胜疾病的信心，凡是康复了的患者都有一个好家庭、好爱人。得病初期会得到亲人、朋友短时间的关心，而夫妻朝夕相伴，对患者的心理变化、性格习惯、病情反应都了如指掌，其长期照顾与呵护的作用是无人能替代的。我手术切除了肛门导致大便不能自控，生活上更离不开爱人的照顾。三十多年她任劳任怨，术后住院期间精心照料，为我护理人工肛门、清洗大便，连医生都请她在病房介绍护理经验。我知道她独自一人时哭过多次，但在我面前从没掉过泪，她鼓励我最多的一句话是：“放心，咱们的病能好！” 我学郭林新气功后她又成了陪学、陪练，现在与我一起外出开班帮助我辅导学员， 我的康复中有爱人无怨无悔的奉献！

在闯过了五年大关后，我重新走上了社会。在完成单位的本职工作之外，我还创办了青岛郭林新气功辅导站（1991 年）、青岛中山公园抗癌乐园（1992 年）以及山东省第一个癌症患者的法人组织“青岛市癌症康复俱乐部”并任常务副理事长、秘书长（1993 年）。1994 年，我又组织成立了“青岛中山癌症康复学校”并担任法人校长，开始探索以教学模式规范郭林新气功并研究癌症康复教学与教材。

1997 年，我业余完成了中医的系统学习，在青岛市中医院等多家医院进行了临床实习，大大提高了我理论与实践相结合的水平，对我以后的教授郭林新气功与指导患者康复起到重要作用。

1998 年，经山东省体育局与青岛市卫生局考核审批，我获得了“国家一级社会体育指导员” 与“中医师”的职称和资格证书。

2003 年我退休后，被“青岛市中医肿瘤治疗康复中心”聘为康复部医生。在我的主持下郭林新气功成为该中心肿瘤综合治疗手段之一。

2005 年在林晓老师（郭林老师的爱人）的大力支持下，我创办了“郭林新气功”网站。白天教功、维护管理网站，晚上开通视频，接受国内外癌友的咨询，被誉为“郭林新气功网上教学第一人” 。

由于网站的影响越来越大，找我学习郭林新气功的人也越来越多。我常年在青岛举办郭林新气功学习班，除国内患者与家属参加，还接待了美国、日本、新加坡、马来西亚、意大利、英国等外国朋友来青岛学习交流郭林新气功。

2006 年我参加了“世界医学气功学会”“中国医学气功学会”；2010 年编著《郭林新气功培训教材》一书，由中国科技出版社出版；2012 年编著《郭林新气功新探》一书，由北京日报出版社出版。我先后在国家级刊物上发表了多篇论文，创办了《抗争》《希望》等患者喜爱的癌症康复科普刊物，并荣获国家专利一项。

多年来，为了更好地传播郭林新气功及群体抗癌的理念，我在全国各地巡回办班讲学，还走出国门应邀到国外开班讲学，使国内外众多的病友受益并走向了康复，现代科技为我发展癌症康复事业开辟了新的天地。

我勇于抗争、无私奉献的精神得到了社会认可，国内各级新闻媒体不断地为我做专题报道。1993 年 10 月在中国癌症康复会、中国中医药学会主办的“全国首届癌症康复工作经验交流会”上，我被评为“全国抗癌明星” 。2006 年又被《健康之路》杂志社评选为“全国十大抗癌明星” 。2009 年在无锡举办的“首届全国城市康复义工表彰大会”上，我再次被评选为“全国城市康复义工之星” 。2018

年被“世界中医联合会”选为中医一技之长委员会常务理事。2020 年被中国民族卫生协会养生分会聘为特邀专家委员。

近年来我着重于培养出了一批德才兼备的郭林新气功教学老师，并在多家医院建立了郭林新气功辅导站。探索治疗与康复相结合的方法，践行郭林老师提出的“中医、西医、气功三结合”之路。

2019 年是我得癌的第三十三年，妻子退休后与我一起外出教功讲学，儿子通过自己努力已成为一家设计公司总监，有了活泼可爱的孙女、孙子，我们一家人幸福美满、充实快乐。

回想起当年走上手术台、病房中化疗、病痛绝望中呻吟的情景，好象就在眼前。那徘徊在生与死的时刻，已深深刻在了我的心中。我反复给晚辈们说：“是因为郭林新气功，才有了我们一家人幸福的今天，我们要永远铭记郭林老师的恩情。”

人的生命只有一次，是郭林新气功给了我新生，是郭林新气功在我危难之时，给了我知识与力量、勇气与希望，我有责任、有义务完成郭林老师“致力新气功，造福为人民”的遗愿，将郭林新气功传下去，以挽救更多的生命！

抗癌路上的奋斗与求索

——我与郭林新气功的故事

姜寅生
北京市抗癌乐园秘书长

一、大难不死

1997年夏天，大便经常不正常，忽干忽稀，还时常带有黏液。到医院看了几次，都按肠炎、痢疾治疗。反复发作，吃药就好，停药就坏。自己在左下腹部也偶然会摸到硬块，心里害怕，但不敢面对，也不敢到医院彻底检查。8月，感觉精力明显不足，浑身无力，身体消瘦。

9月初的一天，突然发现大便枣红色，自知不妙。到医院治疗，被诊断为结肠癌。得知病情后我一边联系医院准备住院治疗，同时用中药进行控制。

9月15日在协和医院手术，手术很成功。病理报告为：降结肠与乙状结肠结合部腺癌，2.6cm×2.3cm，已侵及浆基层，无转移，中期。术后主治大夫说，病情比原来预计的要好得多。

正在全家暗自庆幸的时候，术后7天我发生了严重的肠粘连，在保守治疗不见效的情况下，不得已于9月30日晚又进行了第二次手术。医生在手术中发现，大肠严重扭曲、粘连，小肠已经坏死一段，被切除了20公分。10天后出院。

可怕的事又发生了。出院当天的半夜，我再次发生了更严重的肠粘连，肚子像一口大锅，腹内翻江倒海般的难受，一张嘴，红红绿绿的东西吐了大半脸盆。我拍着床哭喊着“老天爷呀，你怎么不让我死了哇！”此时的我真正尝到了生不如死的滋味。

连夜联系医生再次住进医院。胃管再次插入喉咙，头一动也不敢动，动一下就恶心、呕吐，肚子再次涨得像面鼓，只要打开胃管的开关，就会像自来水一样，从胃中流出不知从哪里来的胃液、浊物，后来还有胆汁、甚至鲜血……

医生说，只有运动才有可能缓解肠粘连。于是，协和医院的8楼的楼道里，出现了一道令人难以忘怀的光景：一个面色铁青、骨瘦如柴，鼻子里插着胃管，身上挂着引流袋，推着输液的吊瓶，被亲属搀扶着，蹒跚而又顽强地走着的身影。夕阳洒在紫禁城金色的屋顶，把天空染成了金红，是那么绚丽，那么近又那么遥远，我暗暗想，我还能再到天安门前照张相吗？

专家进行了会诊，并查阅了大量国内外资料，没有发现过如此严重的反复肠粘连病例。如果病情再继续发展，只能进行试验性的第三次手术。试想一下，一个月内连续进行 3 次手术，其结果将是什么样？

我的家属和亲人们虽然急得要命，但并未慌乱失措。医院也很开明，同意请中医试试看，做最后的努力。如果行不通，风险再大，也必须面对第三次手术了。于是连夜请老中医会诊，配合中药治疗。医德高尚的刘宗德大夫不顾已经 70 多岁的高龄，半夜赶到我的病床前，诊脉、看病，一直忙到夜里 2 点多才回家。在医圣张仲景的千古名方“四君子汤”的基础上，根据我当时的身体情况，辨证施治，减去了看似十分重要的一味药。

药服下去了，时间在一点一点过去，身体却没有任何好转的迹象。难道医圣张仲景的千古名方也无能为力了吗？

奇迹终于发生了！第二付的第二剂还没吃完，那天早晨突然间放了一屁，其实那声并不大，但是因为我的家属太注意这个问题了，还真听见了，我总算能活了。

中西医的不懈救治，总算把我从死神身边拉回来了。临出院的时候，护士长偷偷跟我说了一句话，“你呀，这回真的捡回一条命。”我从心中真心地感谢张震寰大夫、何晓东大夫、刘宗德大夫，他们是我永远不会忘记的救命恩人。

回想在医院，我 7 天内进行了两次手术；身上插满了管子，每天从早 7 点挂上吊瓶，直到第二天凌晨 3 ~ 4 点，一天挂近 20 个小时吊瓶；四十来天鼻饲管插入胃中，经过喉咙，一动就会恶心；六十多天水米不进，仅依靠着营养液维持生命。我身体虚弱的程度可想而知。此时的我动一动就会一身虚汗，连一节广播体操都做不下来，并且发生了严重的生物钟紊乱，每天晚上无法入睡，躺在床上腰像折了一样疼，坐起来躺下去、下地走遛，一直折腾到早晨四五点钟才能睡觉，每天如此。长此以往如何是好？

二、学习、操练郭林新气功

一个偶然的机会，听说郭林新气功对治疗癌症有特效，并在一本小册子上看到："郭林新气功在探索治疗癌症方面，取得了可喜的成果。"于是我决定学习郭林新气功。

1998 年 1 月 8 日，我来到团结湖公园找到了陈启伦老师和练功的功友。

我家离团结湖公园教功点只有短短 400 米距离，但我从家中到那里却足足休息了 3 次，整整用了半个小时。没想到，这里有一大帮癌症病友，在一起有说有笑，快乐极了，根本看不出是病人，真觉得到了家一样。陈老师和功友们热情接待了我，鼓励我要鼓起勇气，放平心态，与癌魔战斗。找到了老师和练功的功友，真的像见到救星和亲人一样。

我到公园的时候，教功已经结束了，老师让我第二天来学功。我学功的心情迫切，向老师提出了不近人情的要求："老师，我现在就想学！"陈老师见我如此坚决，十分高兴，说："小子！今天我累死也教你！"现在回想起来，还是万分的感动和深深的内疚纠缠在一起。一个七十多岁的癌症患者，为了帮助新患者战胜癌症，不顾自己年迈有病，又刚刚耗费气力教完功！ 这是什么精神？这不正是像毛主席说的，是"一个高尚的人，一个纯粹的人，一个脱离了低级趣味的人，一个有益于人民的人"吗！不正是郭林老师"致力新气功，造福为人民"的崇高品质的体现吗！

老师教得仔细，我也学得认真。学后老师问我："累不累？"我咬着牙说："不累！""好！你就按照这个练 40 分钟。"我是个认真而又不服输的人，既然答应了老师，就一定按照老师的要求去练。那样虚弱的身体，居然真的坚持走了 40 分钟的自然行功。结果奇迹发生了：中午回到家，我躺在沙发上就睡着了，并且有了微微的鼾声。醒后，妻子、女儿告诉我"自从出院后，还没见过你睡得这么香甜。"当晚我也是躺在床上就睡着了。直到今天，我仍是头一沾枕头就睡，神了。

第一天就尝到甜头，练功变成了一种自觉的行动。不论冬夏，刮风下雨，我都坚持练功。冬天 7:00 进公园，12：00 出公园；夏天 6:00 进公园，11:00 出公园。冬天有羽绒服、大棉靴、厚手套；夏天预备有雨衣、雨裤、雨靴全套设备。

术后身体极度虚弱，但化疗又是必须的。11 月底开始，每周一次到医院化疗。

但仅仅进行了3次，白细胞就降到了1000多，增白针也没什么效果，化疗无法正常进行了。大夫建议我改为口服化疗药，服用两天休息一天，但白细胞仍然不能恢复正常。不过，自从开始习练郭林新气功，我的身体发生了明显的变化。

首先是情绪发生了巨大变化。在抗癌乐园这个温暖的群体中，看到那么多抗癌明星战胜了癌症，也看到了那么多癌症患者在奋力地拼搏，还有老师和功友们的开导与帮助，我不再悲观迷茫。其次是亲眼看到我的启蒙老师陈启伦，肠癌8年，每天坚持5点起床练功，8点又能神采奕奕地教功，好象有使不完的劲儿；《抗癌歌》的词作者之一、肺癌15年的张光微，天不亮就早已出现在练功场地。他们的康复，让我看到了郭林新气功抗击癌症的成果，我终于捞到了一根救命稻草。我坚信，只要向他们学习，我也一定能够战胜癌症。刚得病时的恐惧、无助渐渐消失了，我对生树立了无比的信心。

渐渐的，我饭量增了，睡觉香了，身体有劲了。曾经一节（不是一套！）广播体操都做不下来，短短400米距离足足休息了3次的我，已经能够练功3～4个小时了。

我的白细胞也逐渐上升了，正常了！为了增强疗效，我私自把口服化疗药改为每天服用，坚持了整整两年，把我的主治医生都吓了一跳。而每周必查的血象，白细胞却始终保持在6000～7000范围内。同时中药坚持服用了三年多。

我在练功过程中，其实走过不少弯路。刚开始练功时，没认识到收功的重要性，练完功草草收功。时间一长，身上串痛，以为转移了，急忙到医院复查，结果一切正常。向老师请教后，认真收功，尤其认真做好咽津三口、玉液还丹、元气归身，慢慢的，问题解决了。

练功时老师提醒，要注意虚腋，但我没有重视。练功半年左右时，发现两腋下各肿了一个大包。以为是转移了，吓得够呛，跑到医院，又是B超，又是CT，却没有发现任何问题。这才醒悟到老师提醒的练功时夹腋，导致手三阴、手三阳的经脉不通会产生多大的危害。得病如山倒，祛病如抽丝，要把这个气滞血瘀的大包消掉是多么的不容易！练功时注意虚腋，大概有近半年的时间，那两个大包才渐渐缩小、消失。

也是这个时期，正值三九，每天从早 7 点练到 11 点多，肚子饿得咕咕叫，于是出公园就去喝酸奶。几天后，胃部受寒，整整疼了一冬天。

在练功 3 年后，我省略了练吐音功时每一个吐音之间的气呼吸。没想到，到 5 年时，我首次到生命绿洲教功，学员 50 多人，在讲课时感到上气不接下气。认识到大概是吐音的问题，重新增加了每一个吐音之间的气呼吸，很快舒服了。自此，我不再为了省那么点时间偷懒了。

我每天练功的科目是：定步功、自然行功 40 分钟；升降开合吐音功；特快功 20 分钟；中快功 20 分钟；一、二、三步点功 60 分钟。晚上有时练练手棍功。如此坚持了 6 年，不敢偷懒。每年的大年初一清晨也一定是在公园过的。

练功 6 年后，减少了特快功的练习，改练自然行功、升降开合吐音功、中快或一步点、三步点功。为了巩固疗效，保护心脏，促进健康，晚上增加了慢步行功的操练。练功至今 22 年，真是受益匪浅，年年复查都很正常。

三、努力探索体育锻炼对癌症康复的作用

通过践行北京抗癌乐园所提倡的"以健康的精神为统帅，以自我心理调节为先导，首选西医，结合中医，坚持郭林新气功的锻炼，讲究饮食疗法，注意生活调理"的群体抗癌的理念，得以康复的事实，使我逐渐产生探索癌症康复与体育锻炼作用的兴趣。

我的体育锻炼方法，主要就是坚持操练郭林新气功。

气功是医疗与体育相结合的健身疗法，已有几千年的历史，属于中国所特有的优秀民族文化遗产。其基本理论和指导思想，就是中医学理论之一的"经络学说"和"气血学说"；其基本要领为"松静自然"；其基本要素包括"调心、调息、调身"三个方面；其基本目的是"强身健体""防治疾病"。郭林新气功充分体现了气功健身的这些基本内容和特征。郭林新气功既体现了传统医学的"经络学说"，也体现了现代医学的科学内容。

四、奉献与感悟

在我练功一年多时，就参与了北京抗癌乐园团结湖分园的义务志愿服务工作。通过参加于大元老师、李素芳老师、何开芳老师、孙云彩老师、桑魁寅老师等诸多老师多次举办的培训班。尤其是于大元老师单独指导我吐音功与按摩功；桑魁寅老师亲自示范指导我教功方法，使我受益匪浅。既学到了他们认真负责、精益求精的教功方法，更学到了他们高尚的功德。

康复后成为抗癌战线上的一名志愿者。常年与北京抗癌乐园的战友们战斗在八一湖畔的"生命绿洲"和团结湖公园，积极推广国家体育总局、国家中医药管理局认可的"新气功疗法"，开展群体抗癌事业，为政府分忧，为癌症患者服务。足迹遍布国内十多个省市，多次举办郭林新气功学习班、全国师资培训班。

曾先后在京为泰国国际奥委会执行委员詹先生、西班牙医务工作者培训班、法国医务工作者培训班、法国气功师进修班、西班牙巴塞罗那针灸学会、日本访华团培训班、香港及澳门师资班等教授郭林新气功。

20 年中，曾前往波兰，代表北京抗癌乐园举办了波兰第一届“郭林新气功全国气功师提高培训班”，并受到凯尔采市市长的亲切接见。四赴美国举办郭林新气功学习班，二赴马来西亚主办郭林新气功师资培训班。通过交流，宣传了具有中国特色的群体抗癌理念，传授了科学文明的郭林新气功，增进了各国人民的友谊。

20 年战斗在教功第一线，教授的各类学员，包括癌症患者和慢性病疑难症患者数千名，已有很多患者闯过了生死关。我教的第一批学员已经健康生活了 19 年多。仅凭放、化疗，中药及坚持操练郭林气功健康生活了 14 年的晚期小细胞肺癌患者郭宝才，成功战胜卵巢癌转肺的 14 年患者王改凤，都已经成为郭林新气功的传播者。坐着轮椅来学功的晚期肺癌兼重症肌无力患者杨立军，经过艰苦的锻炼，健步如飞地走在练功场上；被医院放弃治疗，预言她不久将“脑萎缩，脑溢血死亡”的花季女青年郝菲，从第一次学练时如凤凰涅磐般的六步“吸吸呼”，经过不懈的努力，最终战胜了脑囊虫后遗症并完成了硕士学业，还读了博士，现在已经成为小有名气的计算机软件工程师……看到他们的康复，我更体会到郭林新气功的神奇力量与助人为乐的幸福。

通过 22 年康复的历程，使我更加感到郭林新气功的博大精深，郭林新气功与群体抗癌完美结合所创造出生命奇迹的力量。郭林老师的功绩，运动抗癌与群体抗癌事业相结合所取得的辉煌成绩，必定像八一湖畔的“生命绿洲”丰碑一样，永远矗立在世界的东方！

郭林新气功让我一次次站起来

◉ 海鹰

2012年3月，我被戴上了癌症患者的帽子，那年我59岁。

得病之时，我是一个职业经理人。之前，我当过知青、农民、工人、学生、国家机关干部、国家社会政策改革研究人员，也在国家级媒体里做过研究，最后，又先后到两家世界五百强国际公司做媒介研究和广告投放的老总。

人生，在我身上从不轻松。我不属于那种办事举重若轻或闲庭信步的人，我是那种处理任何事情都要全情投入，力求尽善尽美的人。愚也罢，诚也罢，这是我的职业习惯和准则。所以，活得有点累。

尤其是得病之前的那段时间，真累呀。每天早上，都不想起床，起床了，也不想上班。可就是这么累，我也没休息过一天，就是做活检手术的那天下午，还有一班北京大学的研究生在等着听我的《媒介策略》的讲课呢！那时，我就是一个被自己抽打着不停旋转的陀螺，从早到晚，日复一日。

直到有一天，大腿根有个鸡蛋大的瘤子硌着我了，我才意识到得去医院看看了。

检查的结果超乎意料，却也在情理之中。我被确诊为非霍奇金淋巴瘤，B细胞来源，三期B，滤泡性。PET-CT的片子清楚显示：满身都是肿瘤，从颌下到腋下，到腹股沟，到腹腔，凡是有淋巴腺的地方都布满了大大小小的瘤子，用我太太的话说，“就像葡萄架下一嘟噜一嘟噜的葡萄”！自此，我成了一个癌症患者，在医生的眼里，级别还不低。

应该说，我自小属于那种心胸豁达的人，虽说被戴上癌症患者的帽子，但我心里并没有太多的负担，心想治疗就是！

可思想的豪迈与身体的耐受是两回事，当真的把化疗药推进身体后，没两天我就怂了。那是另一种难过——恶心、呕吐、头疼、失眠、便秘，最最难忍的是无力，是身体被彻底掏空的无力——我想站起来，站不住，我想出门走两步，马上就瘫坐在地上。那时，没有一丝尊严可讲，就是想：让我躺下吧，快一点，躺下吧，管它什么地方！

就在这个时候，我太太打听到在北京玉渊潭公园里有一群人，在练什么郭林新气功，说是可以治癌。

真的?

嗨，不管怎么样，先去看看再说！

走进“郭林新气功”

4 月 3 号，周二，我太太徐晓“架”我去了北京玉渊潭公园。说是架，一点也不夸张——出租车进不了公园大门，可从南门到气功习练的场地还有七八百米的距离。我要走一会儿坐一会，还要时不时地把胳膊架在太太的肩上慢慢往前挪。

终于到了。

这是一个叫“生命绿洲”的地方。一个小空场，中间一棵树，树上挂满了大大小小的书包和水壶，旁边围着一圈公园的绿色长椅。西边长椅的背后是两间带廊子的小木屋，空场上有三四十位灰头土脸的人正在听一位男士讲着什么，我估计，这就是我要找的地方了。

果然，就是这里。它的正名叫“北京抗癌乐园”，眼前站着的这圈人都是癌症患者。看着他们那个样子，我心里其实挺悲哀——没有一个像样的，都是青黄的面色，都是低眉愁苦的表情，都是佝偻的背和挺不直的腰，有些女士即便戴着帽子也掩不住被化疗摧残的光头。这是一群狼狈到极点的人，可我很快将是他们中的一员，想到这里，我心里也有些悲凉。

就在这时，身边有人问我：“你是什么病？”

“淋巴瘤。”

“淋巴瘤？没事。我们这就有一位淋巴瘤，活得好着呢！”说着，就回头喊：“魏大姐，这里有一位跟你的病一样的患者！”

那位被称为“魏大姐”的走过来了，“你是淋巴瘤？别怕。你看，我就是淋巴瘤，三年了，我好好的。你只要好好练功就没事。”大姐笑着跟我说。

我真的没想到，这里的人这么开朗，非亲非故的，上来就跟我搭话，还安慰我，我心里挺温暖。

后来知道，这位魏大姐是东北人，2009 年得了淋巴瘤，弥漫大 B 性，当年跟我一样，满身都是瘤子。医生让她化疗。可是，只要化疗药往身体里一滴，她就休克，只能停止。化疗这条路被堵死了。等死吗？她不甘心。她去看了中医，吃上了中药。之后，她找到了郭林新气功。至此，她就在玉渊潭扎下了根，无论是酷暑还是严寒，即便是大年初一，她也没歇过，她成了八一湖边的固定一景。就在 2012 年的年底，大家怂恿她：“去照个 CT 吧，看看身体怎么样了。”她去了。几天后，她告诉大家，“身上未见肿大淋巴瘤！”

乌拉，玉渊潭的生命绿洲沸腾了，大家相互传颂着这个喜讯，仿佛她好了大家也都好了——它又一次给人们带来生命的希望。

我想：魏大姐的成功我也要来复制！

北京四月的天风沙大，尘土多，我就在那漫天的风尘里走入了学功的队伍。吸吸呼，吸吸转，尽管笨拙，尽管无力，尽管前后都是木讷的患者，尽管周遭都是异样的眼神，我不在乎，谁爱看谁看去，我都癌症了，还管那些？只要郭林新气功能救命，我就是这个队伍里的人！

我记得姜寅生老师曾在我十分虚弱的时候跟我说过这样一番话：“学功别有顾虑，能站着就站着，站不住就坐下，坐不住就躺下；能听就听，能看就看，能练就跟着一起练，不能练，就歇着。这次学不会，下个月接着学，直到你学会为止！”那天，我知道我找对组织、找对老师了——这是一群真正做公益的人，一群真正的好人！

春去夏来，草木勃发，我在老师们的指导下，学会了自然行功、升降开合、吐音功、中快功、特快功、三步点、两步点、手棍功、脚棍功，等等，身体也在学习的过程中变得有力。这时，再回头看看身边的同伴儿，每个人都脱去了脸上的铅灰，神态变得沉稳，衣着变得光鲜，大家都变得爱说爱笑了，就像换了一群人！

确实，人不可貌相，昔日看着的那群“倒霉蛋儿”，原来却是一群生活的勇者，是一群不甘向命运低头的强人。在这个队伍里，有教师，有医生，有会计，有编辑，有韩战史的作家，有军工的科研人员，有个体工商业经营者，有农民企业家，即便是最平凡的人也都有一颗“死也得战死，不能吓死”的心！

那时，我们常来玉渊潭练功的难兄难妹结成了关爱小分队，叫“一个都不能少”。每天清晨，我们在树林里做好预备功就编队出发，一行人，一起出脚，一起摆手，一起转头，一起呼吸——吸吸呼，吸吸转，沿着八一湖的湖岸，迎着太阳，向着健康，整齐划一，一路前行。当时的感觉，是骄傲，是自豪，身心享受着战鹰齐飞的快乐，胸中激荡着勇士出征的豪情！

那时，我常在心里说：我人生中最大的不幸是罹患了癌症，但不幸中的万幸是我遇到了郭林新气功！从此，我的病患有了转机，我的生命有了希望！

一次次跌倒一次次爬起

应该说，我的抗癌初战是成功的。我在快乐与自豪的心情里享受了三年的健康时光。

然而，什么叫“骄者必败”，什么叫“好了伤疤忘了疼”，我本人就是最好的例证。

从 2012 年 6 月，我停止化疗以后，我一直靠着中药和郭林新气功维持着自己的身体。到了 2013 年的夏天，化疗的热毒从我身体里逐渐退去，我的脸色开始好转；2014 年，我的体重在增长，又回到了得病之前的 75 公斤。那时，我自信满满：抗癌，容易，只要不过度治疗，只要练上郭林新气功，准活！那年，我和太太徐晓出版了我们的第一本书《抗癌：第一时间的抉择》，受到广大患者的称赞，把我们视为抗癌路上的向导。2015 年，我感觉自己好了，彻底的好了，我停了喝了三年的中药，解禁了三年没碰的羊肉、大虾，我在朋友来时又端起了酒杯，最最要命的是我又开始跃跃欲试要做些什么。

因为我曾经在多种职场工作，又写过关于如何进入职场的书，还经历过公司创业，所以，一些年轻人找到我并把我拉入他们的圈子，希望我在他们创业的路上给他们以指点。为了帮助这些年轻人，我逐一地了解他们的创业计划，跟他们讨论，修改方案，有时还要在群里讲课，为了备课，半夜不睡，还为了与他们的时间保持同步，我虽在大洋彼岸，也常常半夜起来，从五点讲到天大亮，然后是互动，回答问题。很多时候，讲课后的兴奋又让我久久不能入睡。

终于，我那并不结实的身体无法承受这工作之重——我复发了！

那是 2015 年的夏天，我的脖子上肿起了个小疙瘩，而且迅速长大。那时，我才想起了三年前一位西方淋巴瘤专家跟我说的话："滤泡性淋巴瘤总是要复发的。"

当时我还不服气，追问："复发的几率是多少？"

老专家回答："百分之九十五。"

我马上说："那我就是另外的那百分之五！"

老专家说："我也希望如此。"

记得那天回到家，我太太跟我说："你别在意，专家讲的没错，医书里也是这样写的。滤泡性淋巴瘤与其他分型的淋巴瘤不同，因为一旦得病，身体里的一种 Bcl-2 蛋白质便过量生成，它会阻断淋巴细胞的正常死亡，这可能就是淋巴瘤生成的原因。而这种 Bcl-2 的过量生成属于染色体易位，基因问题，只要发生，就不能回归正常。这也是为什么此病总要复发的原因。"

对于这个病的成因我似懂非懂，可我不愿相信我这病总要不断复发，毕竟，这次的复发是我自找的，我还得打起精神跟它一搏。

2015 年的那次治疗，我拒绝了医生提议的自体造血干细胞移植，拒绝了第六个疗程的化疗，也拒绝了下气管镜探查肺里是不是有转移，我相信，只要我好好练功我就能好起来。

当 2015 年的最后一个月，在我确认身上的肿瘤基本下去的时候，我停止了化疗，披上冲锋衣，迈着郭林新气功特有的步伐，走进那严寒湿冷的冬季。

接着，是2016年的春暖花开，是夏季的林荫茂密，是秋天的满地金黄，我行走着，吸吸呼，吸吸转，我感到我又是一个好人了。

但是，真是遗憾，2017年初，我因一场感冒引起咳嗽，继而是咽炎、气管炎，接着是颌下淋巴结起来，再接着，就是逗起了全身的淋巴结肿大——我又复发了！

第三次化疗。

这次身体的耐受力已经不如以前，我只化了两个疗程，便在医生满是狐疑的目光下，断然放弃了后面的疗程，我希望靠郭林新气功再次挽救自己。

每次，郭林新气功都不辜负我，都让我起死回生。那年，我和太太又出版了第二本书《抗癌：防治复发》，我们要把我复发的经历和教训告诉给患者。

然而，时间进入2018，一场国际性的流感铺天而来，我因去了趟图书馆就被传染上了，我太太徐晓又被我传染，两人相对咳嗽，此起彼伏，彻夜不宁。同样的路径——咽炎、气管炎、颌下淋巴肿，逗起全身淋巴结肿大——这次复发距上一次复发仅仅十个月！

这次的复发较前一次更加凶猛，脖子上的肿瘤长到十几个公分，下颌几乎与肩膀长平，我已经无法躺到枕头上睡觉。无奈，第四次化疗开始！

同样，仍然是只做了两个疗程，我就决定不化了。我的主治医生姟瑞对我说："根据我的经验，仅做两个疗程就放弃，你会很快复发。再次复发，药就不顶用了，你也就面临死亡了。"可我心里想：如果再化，我就等不到下次复发了，可能马上就完了。

那时，我脖子上的肿瘤并没有完全下去，两个疗程的效果虽说不错，使十几公分的大瘤子下去了三分之二，但是，那个留下的起码还有四、五公分大小，而且周遭不是一两个，是四五个凸显在那里。

我太太跟我说："你就争口气，放下你的一切事情，好好练功，别奢望什么永不复发，就争取眼下的三个月。三个月后，你要好好站在姟瑞大夫面前，让她看看你的瘤子没长，你没复发，这就是你的目标！"

"好吧，不长就是胜利！"

停止化疗的时候，正是人间四月天，莺飞草长，我拖着沉重的步伐投入到大自然的美景中。开始是七八分钟就要找个椅子歇歇，接下来是十几分钟，再接下来是半个小时。我越走越来劲，身体恢复得挺快。最神奇的是，脖子上的肿瘤也在一天天缩小。我太太天天盯着我的脖子看："小了，又小了，昨天看着像小枣，今天看着就像黄豆了。"过两天，又说："小了小了，从红豆变绿豆了！"

我不知这是化疗药的后劲，还是郭林新气功的作用，我想，这是二者合作的结果，或者说，是气功帮助提高了药效，让药物在身体里持续化瘤。或者说，是气功助我提高了免疫力，让免疫力握住了药力的接力棒继续杀瘤，总之，三个月后，当妶瑞医生用手触诊之后，说了一句"nothing"，我知道，我身上的淋巴瘤不见了。

又过了一个月，当妶瑞医生看到我的血液报告和 CT 报告，看到我跃跃欲试要去旅行的状态，说了一句"祝贺你，你是一个新人了！"

新人，一个多么美好的名字，我心驰很久！

郭林新气功于我生命的意义

我不知道我该怎样评价我的复发，怎样评价郭林新气功。

有人针对我的病况提出了对郭林新气功的质疑：你练着郭林新气功还复发？

有人在我身上看到了郭林新气功的神奇，说：你一次次地复发，郭林新气功还总能一次次地把你救回来！

有人看到的是我屡战屡败，有人看到的是我屡败屡战！有人看到了我练后又复发，可有人看到我复发后又能站起来！

这是两种看法，两种不同的思路。

那我怎么看？我太太徐晓怎么看？

我俩讨论后，这样认为：

首先，病与病不同，抗癌的难易程度也不同。我得的病属于难治型，虽然起病时发展慢，但是一旦发展起来就不易治愈，复发的几率很高。其他类型的癌症或许有百分之三十或五十的复发率，而我得的病的复发率是百分之九十五，不然专家不会在我问他“如果有一千个患者，将有多少人复发”时，他回答我“九百五十个”。所以，在治疗和康复上不能用一把尺子量。

我要说的第二点是，在不同“品种”的癌症上，会有不同量级的“复发引爆点”。

很多人都知道，我们之所以患癌，除了我们自身携带有致癌基因外，还因为我们的精神和身体还在那个时期处于一种“无秩序”的纷乱状态中，比如工作压力大、心情郁闷、劳累等等。

这种状态用个专业的词汇来形容，叫做身体里出现了“熵增”的现象。

“熵增”本来是一个物理学定义，表达的是一个自发地由有序向无序发展的过程。我们的身体也会出现这样的状况。

比如生气——患者可能遇到了婚姻危机，可能遇到了资金链断裂，可能操持家务还得不到亲人认可；比如劳累——或许在照顾病人，或许在照看儿孙，或许久房事过劳，或许赶三关式旅行；比如生病——感冒、咳嗽、肠炎等身体不适，这些因素都可以引起身体的熵值增加。特别是如果这些因素的累积和叠加，就使身体的“熵值”越来越高，复发就不可避免。

试想，我们的患者能够承受什么程度的熵值增高呢?

也许年轻的乳腺癌患者承受力强，可以忍耐到最后才爆发，中年的肺癌患者在四分之三时感觉受不了，胃癌的可以忍受到一半，卵巢癌的不到四分之一就坏事，而滤泡性淋巴瘤可能对一丝一毫的“内乱”都无法承受——这就是不同患者、不同癌症对复发触媒的量级不同——它们的引爆点不同，所以，我虽也练功，但是我那并不娴熟的功法托不住我不睡、我感冒和我为遥远的世界上各种各样的纷争而愤愤不平!

所以，我还是得总结教训，小心收拾好“兜里的火柴”，别“擦枪走火”。

第三点我要说的是，郭林新气功总是在帮我收拾一片旧山河。

从 2012 年 3 月我被戴上癌症帽子，到今天，已经是七年半的时间了。七年间，我每天都在练习郭林新气功，即便在化疗的当日。我并不迷信郭林新气功，我不认为它可以替代手术和化疗、放疗，但是，我把它看做治疗的一个办法，一个手段，一个与西医、中医一样的治疗措施。这也是为什么我在化疗受不了时敢于停下来的原因——受不了刀子，我还有剪子；硬的不行，我还有软的；强力的“毒药”帮我杀杀瘤，缓和的运动帮我补补气——生命在于运动，待我缓上这口气下次再战！

还有，郭林新气功在助我收拾化疗残局上功不可没。每一次化疗后，我都是在极虚弱的状态下爬起来去练功的。弱时少练，强时多练，我心里总有一句话：上午我能站起来下午就死不了，今天我能走明天我就能活！

就这样，我走呀走，我的体力在行走中恢复，运动的气感在身体里运行，它就像一股清冽的溪水，在我的血管里冲刷着化疗的残毒，荡涤着肿瘤的余孽，替我收拾着身体里那残破的山河。

注：海鹰的这篇文章完成于 2019 年的 8 月间。那时的他刚从游览冰川的游轮上下来，精神饱满，身体尚佳。但是，在 2020 年元月下旬，他做了一次不恰当的拔牙手术，使他的身体受到重创，于 3 月 1 号凌晨离世。

我希望海鹰的离去不要动摇大家对“癌症不等于死亡”的信念，也不要对郭林新气功的功效产生怀疑。我相信，如果海鹰能够醒来，他仍然会坚定地走在群体抗癌的队伍中，一定还跟着大家一起摆手跷脚吸吸呼。

——海鹰的妻子徐晓

运动在癌症康复中的意义

◉ 徐晓

癌症患者家属、知名抗癌题材图书作家，怀悲悯之心，握真情之笔，讲述自己的所见、所闻、所思。曾出版过《抗癌：第一时间的抉择》《抗癌：防治复发》，给无数患者以生的希望。2010 年，还曾与儿子漠子合著《留学真经》一书。

年轻时，总感觉“生命在于运动”这句话就是写在墙上的一句标语，仅仅是一个口号，对我没有任何的意义。而今却不同，我切切实实地感到：它是真理！

我的这个转变来自于实践，来自于我丈夫海鹰罹患癌症后的治疗与康复的整个过程。

2012 年 3 月，海鹰被诊断为非霍奇金淋巴瘤，滤泡性，三期 B。这个病的治疗办法主要是化疗。应该说，对于 B 细胞来源的淋巴瘤医学界还是有不少有效的药物，往往是三四个疗程就可以把肿瘤消灭得八九不离十。但是，化疗后的热毒，以及药品对人的心肺肾的损伤却是极大，呕吐、胃痛、发烧、咳嗽、间质性肺炎、心律不齐、失眠、便秘、虚弱，以及脸色黧黑、浑身无力，都会令患者感到生命的无望。

怎么办？是躺在床上呻吟吗？是多吃点补品等待身体慢慢自愈吗？那都不是好的方法。

就在海鹰第一个疗程的化疗结束后，他加入到学练郭林新气功的队伍中。

记得那是四月初的北京，沙尘弥漫。看着海鹰无力的身体，我的心情也如铅般沉重，看天看地都是灰蒙蒙的。那时，海鹰凭毅力坚持着，今天走十步，明天走百步，后天就可走千步。他在行走中走出了气力，也走出了抗癌的信心。短短十几天，我就能感到海鹰的脸上有了笑容。我呢，看周围的一切也有了色彩，那是蓝色的天，绿色的水，粉色的樱，我在自然界的生命勃发中看到了海鹰生命的希望。

因为海鹰得的是一种极容易复发的病，在七年的时间里，他的病情也出现过多次的反复——复发、治疗、缓解。而每一次的治疗过后，海鹰又能在运动中积蓄起生命的元气。自此，我知道，运动成了推动海鹰身体气血运行的动力。这正如清代唐宗海在《血证论》中所说的："夫，载气者血也，而运血者气也，人之生也全赖乎气，血脱而气不脱，虽危犹生，一线之气不绝，则血可徐生，复还其故。"

正是因为有了运动，才有了人体里元气的运行，有了推动血液循环的动力，吐故而纳新，荡涤残败的细胞，滋生鲜活的力量。运动，成了帮助患者收拾手术、化疗、放疗造成的"战后残局"的最好的办法。

自从我体会到运动在癌症康复中的作用，我就常在其他患者向我咨询治疗的办法时，向他们推荐郭林新气功，推荐太极，推荐站桩，推荐行走，推荐一些适合他们而他们也愿意接受的运动方式。我常跟他们说，不要以为除了西医和中医的治疗之外就没有了治疗，运动也是治疗，是一种更适合癌症患者身体状况、更舒缓、更经济的治疗方式。

我先生海鹰患病七年，练功七年，我也在郭林新气功的队伍里观察了七年。过去，我认为不论是谁，一旦患上肝癌、胰腺癌、卵巢癌，或者肺癌脑转就失去了生命的希望。可今天，我会说：别怕，在运动的队列里，有很多这样的患者，他们因练功而转危为安，他们活得健康而快乐！

所以，我在我们的书《抗癌：第一时间的抉择》里写道："我们不能说没有手术就没有康复；我们不能说没有化疗就没有康复；我们不能说没有放疗就没有康复；但是我们可以说，没有运动就没有康复！"因为，运动给我们带来了富氧与快乐，而富氧与快乐正是癌细胞的天敌。也正因为如此，运动给我们带来了战胜癌症的希望！

生命在于运动，这不是口号，这是真理！

行进在抗癌新路康庄大道上

◉ 查良锜（琦）
女 教师 抗癌明星

1935 年 12 月生于北京，祖籍浙江海宁。1962 年清华电子工程系毕业，在校 20 年间受到红专结合双肩挑的历炼。长期从事电子信息技术领域教学与科研工作，1996 年北京联大应用文理学院退休。1990 年患乳腺癌后走上抗癌新路，成为不断学习实践的受益者，用多学科交叉研究探索其中奥秘，发出科技人文之光，被誉为“从清华园走出来的抗癌明星”。

一、直面患癌现实

1. 尽快调整情绪，冷静作出安排

1990 年 1 月 10 日我被确诊患右乳癌。得知患癌的瞬间犹如五雷轰顶。回到家中，看着身体不好的老伴和未成年儿女关切期待的目光，我立即意识到自己的精神不能垮。我向亲人和单位吐露心声，集思广益，寻求帮助，获得了非常正面的反馈。我迅速从悲痛中挣脱出来，选择面对现实，尽快调整情绪，投入治疗。

2. 抓紧反思自省，树立抗癌信心

趁手术前住院空闲时间我抓紧梳理了自己的思绪，寻找得癌的原因。确诊患癌半年多前，体检发现乳腺有增生结节，医生建议去肿瘤研究所复查，而我却因为忙忽视这亮眼的黄牌警告；再往前想，我在有着优良体育运动传统的清华大学学习工作了 20 年，却长期不重视身体锻炼；更早十几岁在贝满上高中时，常因白天社会工作忙而晚上开夜车学习，不注意身体健康。此外，我对自己的饮食营养也长期不注意，不时因为紧张忙碌而废寝忘食……

这些说明我在思想认知、健康理念、行为习惯、生活方式以及心理因素等方面，存在着一系列问题，而且由来已久。因此，自己患癌绝非偶然。认清问题，可以更有针对性地解决问题。我觉醒到确诊患癌是抗癌的新起点，开始调整改变自己，积极进行自救。

二、走综合治疗的抗癌新路

1. 确定并落实中西医结合规范的治疗方案

我在好医生哥哥查良镒的亲自带领下及时进行了中西医结合、规范而合理的全程治疗。1990 年 1 月 17 日手术，切除 $4.5\times4.0\times2.5cm^3$ 大的肿块，腋下淋巴转移 2/7，分期属Ⅱ B(T2N1M0)；病理检查为浸润性导管癌，雌激素受体检查为阴性，服三苯氧胺逾四年；1990 年 2 月初开始进行 9 周总剂量 3450Gy 放疗；1990 年 4 月底开始进行 48 周 CMF 方案化疗。从准备手术开始服用中汤药，持续到 1999 年后改服少量六味地黄等中成药。手术、放疗、化疗和中药结合治疗，争分夺秒，取得了较理想的疗效。

2. 及时认真学练郭林新气功

在抗癌明星表姐李守荣和清华同事指引下，出院不久放疗开始一周，我就跟随病友在医院附近公园初学郭林新气功。1990 年 3 月 10 日，我在老伴陪同下，报名参加天坛公园由刘培林老师主教的学习班，开始每天按要求学练郭林新气功，并参加群体抗癌活动。我注意理解功理功法要点，配合学习相关知识。还先后参加过六位老师主持的学习班，向有实践经验的老师们学习请教。我经常就近练功，所到之处附近的花园，都留下了我练功的脚步。即使到外地出差开会，也能坚持练功。“生命在脚下，希望在心中”，赋予我全新的健康理念，将每天认真练郭林新气功纳入生活中不可缺的日程。

三、生命在抗癌绿洲沃土得到滋养

癌症是威胁生命健康的复杂身心疾病。患癌后走上抗癌新路，不但能够自主自律，对个人健康负起责任，而且开启人生的新篇章。郭林新气功和群体抗癌是这条路上紧密相连的生命绿洲，蕴藏着滋养生命的多种宝贵资源。

1. 践行抗癌新路终身受益匪浅

90 年代初患癌后，我采用中西医疗、心疗、体疗、话疗、食疗等于一体的综合疗法，有幸成为抗癌新路上不断学习实践的受益者，各段时期都有好效果。我不但顺利度过放化疗难关、近 30 年来癌症没有复发转移，能有效地克服多种新老慢性疾病，而且能以健康的心态，充沛的精力，做与癌抗争的教师，为抗癌新路发出科技人文之光。步入 80 后老年，仍坚持练功，将抗癌健身活动纳入每天的生活日程，有益于自己养老防病，有比较好的生活质量，在生活基本自理的同时，仍有余力做些希望和想做的事情。

2. 体验郭林新气功运动康复的独特魅力

从小不喜欢运动的我，患癌 30 年来始终坚持每天练郭林新气功。爱好抗癌健身活动，每天让身体活起来动起来，体验“生命在于运动”的真谛。特别喜爱：

- 在室外空气新鲜的自然环境中练功，进入松静自然状态，将修心、调息、炼体结合起来，让人体内多种运动协同进行，是大脑有意识控制的人体复杂有序运动。
- 一整套抗癌健身的功理功法，帮助练功患者开启人体系统自我修复和协调运作的功能，主动通过人体内外与周围环境的互动，实现扶正祛邪、整体调节、拨乱反正的抗癌健身作用。经过长期练功活动的调节，身体从病态走向康复，与一般运动和气功差异显著。

- 动静相兼的特色，在心安神静、放松自然动作时，强调轻、柔、徐、缓，圆、软、远；强调练功用气，而不用力；重视预备功和收功的自我能量保护和化气。使人体减少消耗，蓄积存储正能量。让身体虚弱的病患者练功过程获得护养身心的实效，体验到身体舒适和心情愉悦。

3. 投入群体抗癌大课堂学习充电

患病初期，我如饥似渴地参加多种抗癌活动。通过专家们的报告讲座，学习抗癌知识；听老癌们讲述抗癌的经历，榜样的力量给我以勇气和信心。公园里优美的自然环境，病友们坚持练功的行动，休息时彼此的话疗，特殊的生日庆典和节日联欢等活动，都给自己以潜移默化的影响。

接受癌症康复教育和培训，提升抗癌健身的素养，改变不健康的理念和行为习惯，为自己充电加油。

4. 接受抗癌健身文化的熏陶感染

走进生命绿洲的沃土，投身到大自然怀抱中主动吸取营养，陶冶情操，感悟天地人融合之道。群体抗癌中的人文关怀、团结友爱温暖着每个人的心；自娱自乐、以苦为乐、助人为乐营造出的快乐心情感染着彼此；自强不息、坚韧不拔榜样们的精神力量激励着大家。中国几代抗癌勇士们铸造出来的抗癌健身文化，犹如强大的气场，熏陶感染着自己，促使内在的身心不断变化，精神振作，坚持练功，珍重生命，积极认知，利导思维，开阔心胸，健康生活。心态决定状态，开启人生新篇章。

四、对抗癌新路奥秘的研究探索

1. 主持开展规范的抗癌项目科学研究

抗癌新路上很多新鲜的事物吸引着我；患癌的经历使我对癌症患者的苦难遭遇感同身受，决心要为病友们多做些有益的事。我长期从事电子信息技术领域专业技术的教学与科研工作，责任感促使我将专业特长和技术优势与抗癌康复领域相结合，选择用现代科学技术探索中国特色抗癌新路奥秘的课题研究工作。

从 1991 年初开始，当时化疗还正在进行，到 2010 年郭林老师百年诞辰，这 20 年间，我集中开展探索抗癌新路奥秘的科学研究。分三个阶段，先后完成四个正式立项的研究课题。

- 前期研究阶段（1991—1993 年）

《癌症康复计算机系统》，北京市科委高教局资助科研项目，1992—1993 年;

《采用电子学、计算机、录像等多种现代技术开展郭林新气功防病抗癌的基础研究》，郭林新气功研究会资助横向研究项目，1992—1993 年;

《电子学与计算机科学技术对郭林吐音功机理的研究》，中国气功科学研究会林宏裕科研基金资助项目，1993—1995 年。

前期研究主要是打基础，克服万事开头难。

- 中期研究阶段（1993—1997 年）

《信息技术对郭林新气功疗效检测与抗癌机理的应用研究》（69371030），中国国家自然科学基金会信息科学部生物医学电子学学科资助项目，1994—1996 年。

该项目与清华大学电子工程系及郭林新气功研究会合作，组织起跨学科、跨单位、多学科交叉、横向联合的课题组。先后与五十多个有专业特长的单位建立起业务上的协作联系，与百余名专家学者进行学术上的研讨与交流，保证了仪器技术和研究方案的先进性。

1991—2002 年，先后进行了 18 项不同类型的人体检测。存档累计检测对象逾 635 人，涉及不同内容检测逾 1355 人次。研究从中西医学不同的角度，对练功患者群体的经络、微循环和血液流变学、生理学、内分泌和免疫系统、心脑等方面的效应进行了多种科学的检测和分析，将仪器、活人与数据有机地结合起来，为新气功疗效提供可靠的数据依据。

对典型抗癌功目郭林吐音功作用机制，分别通过现代声学系统分析、动态医学图像生理观测及经络效应检测，提出了有关参数、特征及其机理分析，提供解析实验研究依据。

项目研究严格按照国家级项目管理的规定进行，研究内容结果的原始档案记录至今都完好保存着。

- 后续研究阶段（1997 年至今）

对项目研究结果进行深化拓展，与国内外新的相关资讯相结合，从人文社会科学多个学科角度进行交叉研究，结合群体抗癌患者自身的心悟、体悟、感悟，发掘新抗癌模式中蕴涵的丰富宝藏。

经过锲而不舍的潜心研究，在 2010 年中国群体抗癌大会和纪念郭林老师百年诞辰大会期间，献出 5 万多字的专题报告文件《抗癌新路的科技人文之光——生物—心理—社会新抗癌模式的科学探索与社会实证》。

2. 探索发现郭林新气功抗癌健身的奥秘

在研究的基础上加以融合总结，要点如下。

- 放松入静，振奋精神，良性信息自我调节的心脑效应是郭林新气功抗癌健身的核心先导。
- 疏通经络，蓄积能量，调节改善人体经络特性（即气血能量在主要经脉穴位分布运行变化状态）是郭林新气功抗癌健身的关键。
- 活跃气血运行，促进新陈代谢，改善微循环是郭林新气功抗癌健身的动力源泉。
- 增强吐故纳新，濡养调和脏腑，改善生理功能是郭林新气功抗癌健身的硬件基础。
- 改善内分泌，提高免疫力是郭林新气功抗癌健身的根本。

奥秘是相互联系密不可分的整体。其中调节改善人体经络特性和调控人体神经—内分泌—免疫网络是两大基本要素。

3. 综合研究揭示郭林新气功对癌症患者康复的作用机制

社会实证与综合研究结果表明，患者坚持长期正确练功，会经历出现功效→有一定功力→具有真功夫的变化过程；相应的人体功能态经历出院后失调虚弱病态→亚健康不稳定过渡状态→全面康复稳定健康状态的变化过程。这反映出癌症患者通过练郭林新气功获得康复具有普遍性的规律。大致概括如下图所示。

癌症患者出院后处于失调虚弱病态

↓

到公园开始正规学练郭林新气功

↓

进入自我调整康复练功的新阶段

↓

通过功法多种导引和一定功时功目保证，按要求练功，经过一两个月相继出现不同程度的功效

↓

患者出现吃好睡好精神好等普遍现象，体内开始产生蓄积能量、活跃气血运行的初步效果，进入康复初期

↓

日积月累练功，具有一定功力，产生气功态下的气能，疏通经络，调和脏腑，进入亚健康过渡阶段

↓

在调控人体经络系统和人体神经—内分泌—免疫网络中发挥重要作用，逐步具有启动人体固有的自然康复系统的力量

↓

各段时间练功患者的心脑、经络、微循环、生理、内分泌、免疫等状态均可通过仪器检测到相应的数据参数

↓

持续练功加强功力，注意查功、调功，克服出现的反复不稳定，促人体向正常功能态转化，不断向康复迈进

↓

长期坚持练功，进入稳定健康状态，成为具有抗癌健身真功夫的康复者

五、弘扬推广中国特色抗癌模式

1. 用多种方式交流推广抗癌新路研究成果

在研究探索的过程中，注意创造条件，抓住每一个可能的机遇，将项目研究的成果向更深更广的方面拓展。从校内到国内，从香港到马来西亚，参加国际交流，不断走向世界。通过民间促膝谈心、话疗、家访，参会发言、论文报告、讲课，以及接受访谈、参与用文艺小说表达等多种形式，传播中国抗癌新路的经验和郭林新气功抗癌健身的科学依据。

2. 科学抗癌的金钥匙——人体科学与郭林新气功关联的启示

人体科学对项目研究的重要引导。90 年代初期，有机会学习人体科学，了解到人体科学是："研究人体的功能，如何保护人体的功能，并进一步发挥人体潜在的功能，发挥人的潜力。"特别是反复阅读了钱学森有关人体科学的相关论述，其中的基本观点对研究有重要启发和直接指导作用。在 1993 年申请国家自然科学基金资助项目立论依据部分，明确写着："随着医学模式从生物医学向生物 - 心理 - 社会模式的转化，从人体是由物质、能量、信息组成的，有生物电、磁、声、光、热等效应的开放巨系统的全新观点出发，开展将现代科学技术与郭林新气功相结合的应用基础研究，是当前的社会急需。"

研究过程的密切联系和关注。钱学森老年，高度关注人体复杂系统科学，也关心着癌症患者抗癌。1988 年 5 月 26 日，钱老对抗癌司令高文彬写的《癌症患者话抗癌》一书表达意见，"大作我已拜读，的确是开创性的、启发性的，是人体科学的重要文献，所以我把这部稿子交人体科学专家组认真研究，一定要从中探索出：1. 抗癌的科学战略；2. 对下一步人体科学研究的启示……"。

《中国人体科学》杂志是挂靠在上海交通大学出版社，经常保持着和钱老密切联系的杂志。杂志的责任编辑对抗癌项目研究工作不断给予支持鼓励，向我转达过"钱学森重视气功的科学研究，并说过气功科学研究可能是人体科学研究的突破口。"1996 年 11 月《郭林吐音功的声学分析研究》论文刊登在该杂志 1996

年6卷4期，p.156-164，上海交通大学出版社；1997年11月《电子信息技术对郭林新气功抗癌的研究与探索》论文刊登在《中国人体科学》1997年7卷4期p.155-161。研究表明，被誉为“郭林新气功抗癌王牌”的吐音功，是应用人体科学的典型范例。吐音功在多种导引下，通过人体发出特定的音声，对外与宇宙大自然互动，进行能量交换，对内与人体相应的经脉脏腑进行和谐振动，从而调节改善人体系统的功能。

将人体科学理论和郭林新气功的练功与研究实践相结合，特别是其中的“将人体视为开放的巨系统；研究人体功能态及其转化的作用；重视人体与自然和社会环境的相互作用；大脑意识对人体系统的控制协调反馈作用……”等重要论点，与练功过程和项目研究的探索发现相联系，相互之间是如此的契合。可喜的结果启示我们认识，郭林新气功是新医学气功中实用人体科学的典范，是“当代气功防治癌症实践最杰出的代表”，体现其“维护人体生命的整体性和自然性，研究人体生命的协调和协同”的核心理念。中国的抗癌新路正在走向世界，人体科学是癌症患者在抗癌新路上可以把握得住科学抗癌的金钥匙。

3. 中国抗癌模式符合新时代发展需求

新时代，郭林新气功和群体抗癌仍然与时俱进，富有创新性。面对现实世界，癌症仍是威胁人类健康的严重疾病，癌症治疗至今没有灵丹妙药，缓和治疗已成为解决癌症的重要组成部分，新医学模式下中国抗癌新路必将发挥更大的作用。郭林新气功是癌症患者自我康复的重要法宝，辅助人体内外和谐起来，对内搞活，对外开放。它经历了千百万人长期的社会实践经验，简单易行、经济实惠、绿色环保，没有毒副作用，不受设备和条件的限制，是一种行之有效的新抗癌康复模式。

郭林新气功的科学研究获得国家自然科学基金资助正式立项来之不易，研究成果具有创新性和深远的社会意义。著名作家柯岩老师在中国协和医科大出版社破例出版的《CA俱乐部》书里P.429-436用真名实事将项目科学研究写入其中，并给予高度评价“而真正用现代科学进行研究并获此殊荣的至今只有郭林新气功”。

中国的群体抗癌构筑新时代癌症患者的命运共同体。群体抗癌，形成癌症患者的家园、学园、乐园，多种手段互相补充，调动多方面的积极性，特别是患者自身，能够回归并奉献社会。

这是中国几代癌症患者用心血和生命走出来的抗癌新路，与时俱进，充满活力。弘扬推广中国特色抗癌模式，能够为中国和世界更多有抗癌需求的人造福。

六、结语

抗癌开启了我人生新的旅程，是自己生命、生活和工作的新起点。怀着感恩的心回望走过的抗癌新路。庆幸能与郭林新气功结下不解之缘，能在抗癌新路上亲身体验因祸得福。特别是有机会进入人体健康和抗癌的全新领域，不但个人受益，还能和众多人分享交流。

抗癌新路为我创造了助人为乐，发挥自己的广阔空间与机缘。有幸作为项目负责人，能够持续而规范地开展探索抗癌新路奥秘的科学研究，陆续在国内外各种相关的学术会议和期刊杂志上发表论文 40 余篇，获学术成果奖励 10 余项，连续指导了七届 50 多位学生的毕业论文，其中有一半以上获奖。这是特定历史条件下带来的机遇，更是一次挑战，是众多人用心力完成的。它汇聚着集体的智慧、爱心和勇气。研究工作的进展和取得的成果是横向联合、多方合作、共同努力的结果。

感谢众多人对自己的支持关爱，用各种方式助我前行。许多感人的故事铭记在心，融合成常怀感恩的心，激励自己继续努力，谨向多方再次致以深切的谢意！

抗癌新路是一条道路，遵循天人合一的根本之道。只要做到“知必行，行必恒，恒必达”，就一定是癌症康复的康庄大道。路上群星灿烂，笑语欢声，风景这边独好；虽然有艰难险阻，但相信“无限风光在险峰”；一路走来，充满愉悦，收获健康。

希望更多人关注并结伴同行，让中国的抗癌新路越走越明亮，越走越宽广，走向祖国的千家万户和世界各地，为众多癌症患者及其家人带来福祉恩惠。

跟随在郭林老师身边的日子

龚丽云
无锡市体育局健身气功办公室

晴天霹雳，大祸降临。

1981 年初，我总是感觉到头晕乏力，同事们劝说我到职工医院去看看，在医务室检查验血后，血色素才 5 克多，医生问我有否特别出血量过多，如例假。我说月经也并不多，当时验血医生认为那是无名贫血，就配了些铁片让我按时服用补血。可是服后仍未改变贫血，同时还经常出现肚子绞痛、腰酸痛等现象。1981 年 6 月初的一天早晨起床急着大便，便后纸一擦，见全是血，回头见马桶里拉了半桶的血，职工医院主任医生只知是肠出血，未找具体原因，便让我住院卧床少动，即挂止血方酸止血。这样一下挂了 20 多天，便血并未改变，现在回想起那些都是癌症的明显症状，其实在前半年已经预示着癌症已经发生。一天值班医生来病房查房，让我躺平按触腹部，已经能摸到肝部有硬块。在值班医生的催促下，即去市二院挂外科急诊室，外科主任医生腹部轻轻一摸已接触到肿块，说：“不能耽搁，应立即检查确诊”。当天通过消化道透视，确诊肿瘤位于肝曲结肠，并破裂出血。报告一出，立即把我送往肿瘤医院。随后 6 月 26 日 在无锡市第四人民医院（肿瘤医院）进行手术，诊断为晚期肝曲结肠癌，肿瘤大小 12 公分，肿瘤破裂，腹腔大面积受小颗粒状粘连感染。遂在肝部周围手术，切除升结肠及肝曲部横结肠约 2 尺长，但仍未能清除干净。医生估计半年内会出现肝转移，并向在手术间门外等候的科室书记交待说：“生存期不长，即使能顺利化疗也活不到两年。" 术后一周即进行输液化疗。当时医生是隐瞒病情，说手术及时，若再晚两天就没命了。然后给我用了点药，我以为是补药，用了一天便不闻不问了。两周过去了，给我做手术的主任医叫我去医务办谈话，他避重就轻地告诉我说："你是早期的癌症，已手术切除，那天输液是化疗，可是你的白细胞很敏感，挂了一次药，白细胞就 从 8000 多急剧下降到 2000 多，只能停止化疗了，现在必须转到肿瘤科去等待白细胞上来后再继续化疗。"听着是癌症，当时我紧张得发呆了，心想是癌症就完了，我爸就是肺癌，查出 3 个月后就去世了。癌症的可怕，众人皆知，医生见我紧张发呆，脸色都变了，即开导我说："有个吸吸呼的气功，可以找去练练，也许能改变目前的情况"。

转入肿瘤科病房后，在我旁边的病友，见我就说："阿姨，我也是结肠癌，三年三进宫，前两年开了两次刀，第二次还赶往北京，在最好的医院手术，谁知现在……"，肿瘤病房住得满满的癌症患者，他们为治疗不断地往返医院，复发转移，手术、放疗、化疗，结果却一个个离世而去，我想我不能跟他们一样，当时儿子只有 10 岁，不能没有妈妈。

我妈未能找到有"吸吸呼"，而在新华书店找到了 1981 年首次出版的《气功精选》这本书，有二十多种气功，其中就有《郭林新气功抗癌疗法》，其实就是"吸吸呼"。妈妈还鼓励我说："待我出院就陪我去北京各个公园找郭林老师"。

这样，我术后仅一个月，就在病房按书本边学边练，早上三点钟就悄悄起床，四点下楼练功，下午四点继续练。三个月后，身体各方面渐渐恢复。白细胞也升到 5000 以上，化疗医生告诉我可以化疗了，让我化疗保住体力，不要三点钟起来。我答应了，但实际上我仍坚持练功，我知道边化疗边练功能减少化疗的毒副作用。这次化疗第二天白细胞还可以，便再化疗第二针，但在化第三针前白细胞又降到 3000，我便停止了化疗。住院半年断断续续加起来不到一个疗程，医生认为这样化疗无效，可我却看到那些能化疗、放疗的病友都在转移复发，对身体伤害更大。我想着有郭林新气功能抗癌防癌，决定用认真练功来求生。于是我果断地决定办理出院手续，判定我活不到两年又怎么样，每天能坚持练功就可以了。出院时医生给我开了口服化疗药，说不化疗就回家按时服用，还配了升白药。我回家后吃都没吃就扔了。中药两年中断断续续只吃了几个月。

我当时心念已定，必须找到郭林老师。就在我准备前往北京寻找老师时，传来消息说：郭林老师某日即将赴上海传授郭林新气功。当时我便立刻结伴两位功友，半夜乘火车赶往上海，探知郭林老师住在卢湾体育场招待所，便在天刚蒙蒙亮时就赶到了那边等候老师。因事先知道老师练功，暂不能打扰。待老师练完功往回走时，我迎上老师说：“老师，我是无锡来的，晚期结肠癌已手术，须化疗，但因白细胞低不能化，怎么办？”老师仰头看了我一下对着我说：“化不化疗没关系，只要认真练功会好的噢。”还让我跟着学功，随即参加老师的讲大课。

老师所讲的一点一滴，我都看在眼里，记在心里。后来又参加了两个月的学习班，由施柯老师主教。此外，我还找机会与郭林老师交谈，请老师到无锡传播郭林新气功。老师答应说让我先向组织申请，若同意，要组织好学员，确定好日期，告知老师即可。回家后，我就按老师的安排，于 1983 年 4 月至 5 月开班，老师抵无锡当晚就对我说：“你已在上海完整地学习了初级功，可以作为这次癌症班的辅导员助手，向北京的辅导老师学习如何教功”。老师就是这样有心培养我，为无锡郭林新气功继承传教。在学习班期间，老师给大家查功讲势子，就让我示范。老师教头按、涌按、手棍等，都是老师教，让我示范。就这样，我很幸运地得到了老师的传、教、带，使我一路顺利地走向了康复。

在老师即将离锡回京前，老师又向当地组织提出，挑选几位代表派送北京，进一步学习巩固提高各项功理功法。在组织同意后，老师就对我说：“下周到北京，吃住都在我家，什么都不用带”。在老师家一住就是一个多月。到老师家的第二天，为能更亲切地叫我，老师给我起了个爱称“阿龚（Jiong）”。在老师身边，生活起居和练功都得到了老师无微不至的关怀。早晨起来，老师关照我要喝足水，说：“我们练气功，气血运行需要水”。下午，老师让我在她身边一起练手棍，练完时老师为我指点。老师想着我白细胞偏低，2700~3200，老师为我将第四节的做法改成能升细胞的做法，并嘱咐我说白细胞必须升到 7000 以上。每天下午 5 点，老师让我练脚棍，她在旁边看着我练，并给予指点。老师满意地说：“脚棍要坚持天天练，补肾很重要”。老师将放在床底下的花椒木手棍和脚棍一并送给我。在公园练功，老师随时关注我，指点我的吐音说太高，吐音必须喉咙下沉进内脏。考虑到我术后满两年，见我康复没问题，老师又让我将特快撤掉。

在老师家的一个多月，老师有意地培养我，还想继续留我在京学习中级功和高级功的鹿戏，但因为组织上多次打电话让我立即回无锡成立辅导站，老师只能让我先回去，说：“阿龚，你以后自己再来吧”。

即将离别老师前两天的晚上，老师对我说：“阿龚，你将回家，我与林叔讲好，明天早晨上班前到紫竹园，给我们合影留念”。老师让我练功时等着，特意与我合影留念。后来林晓老师将照片直接寄到我家，这是极为珍贵的留念。

告别老师回到无锡后，我立即建立了无锡郭林新气功辅导站，并获国家体育总局批准注册站。

秋后，老师又赴上海，老师给我亲笔信说：“老师到上海，就如同到你家门口了。你来我给你查功，有什么问题可以先记下，以免到时忘记“。按老师的到达时间，我立即去了，老师就住在上海音乐学院的专家楼招待所，每天为病人查功、讲课。当时我想我的小中快练得很累，让老师指导。老师让我走下中快，立即指出我的不正确之处。经老师的指点改正，我的中快功马上练着很舒服，气感很强。另外，上海有一肝癌患者早晨来找老师请教，问老师说练什么功合适？老师问他特快会练吗？他答：会的。老师让他演示下，一看不行，他根本是在慢步行功的自然行功势子上加快，老师说完全不对的，只会消耗体力而无效。我在老师旁边也看到不对的地方，当时老师就叫：”阿龚，你去教他如何练特快，今天教好明天来给老师看“。老师有心让我教，看我教学的效果。我听老师的，带着他到旁边去教，将特快功正确的要领和功法传教于他。这位患者还是比较聪明的，很快领会如何操练正确的特快，柔中带刚，轻松自如。在我看来已经合格了，便让他回去习练 20 分钟一套，熟练后先来找我，对了再让老师查看能否通过。等到老师查功时，让他走了没多久即说对了，老师又给这位患者安排好其它功目便让他离去。之后老师就夸我说：“阿龚，特快功你教得这么好”。我回老师说：“老师，这是您教的要领”。我想老师是在一次又一次地考察我。就这样，老师随时用心地培养扶持我，我必将老师原汁原味所有正确的功法继承教好，让更多患者受益康复。

1984 年 11 月老师来无锡参加全国气功大会，每天晚上我都会和老师一起谈心。老师说：“阿龚，过了年，就来北京我家，帮我外出一起教功”。我立即答应老师说：“好的，老师，过了年我一定会去”。在参会结束前的一个晚上，老师让我组织功友给大家查功。老师就利用第二天上午离锡回北京之前仅有的几个小时查功，让我带着近百人的队伍，老师讲解所有功法，给功友们指点并纠功。我催促老师说：“老师，结束吧”。老师看了下表说：“还可以查几个吐音”。又让我学习查吐音时的注意呼吸、气带声发音的要点等。老师的一招一式，是让我在老师的实践中提高教学水平，不负日后重托之希望。

我永远不会忘记，在 1984 年的 11 月 14 日，郭林老师从无锡回北京，我送她上火车，她再三嘱咐我：“过了年，到北京来，我等你，噢！”在车厢里，老师让我快下车，说：“赶快下车，车要开了。”我答：“我就送您一站再下车也不要紧。”

老师说："不要了，反正过了年，我们就能见面的。"我依依不舍地下车，目送火车渐渐远去。谁知老师回京后因劳累过度，突发脑溢血，于 12 月 14 日永远离开了我们，我也失去了再次在老师身边学习的机会。

敬爱的老师给了我第二次生命，至今顺利康复 38 余年。为报答老师恩情，在无锡建立辅导站之后的 36 年里，我教功未曾间断。老师的大恩大德永记心中，只有以实际行动报答师恩。

总结自己 38 余年成功康复历程之理解：

1. 治疗适当，手术后化疗因细胞低，化疗未完成，规范治疗失败。因化疗不成，对身体伤害小，尤其是肝功能未受损伤，因此，肝未发生转移；
2. 争取时间，术后及时进行锻炼，大量吸氧，提高自身免疫功能；
3. 找对老师，未走弯路，功法正确疗效高，立竿见影。

癌症生存者谈康复，抉择最重要。

如果远方呼唤我，我就走向远方

◉ 林健

世界医学气功学会副主席，郭林老师之子。

自从郭林老师在1971年走上社会，开始推广新气功疗法至今，已经有四十八年了，做为见证者的我，也从懵懂少年步入花甲之年，回想起许许多多的癌症康复者，往事历历在目，感慨良多。当然也并不总是如梦如烟这么诗意盎然。

最出人意料的是：我在五年前患了肝癌。在发病之前的半个多月里，嘴里发苦，做菜时尝不准咸淡，总要让儿子品尝确认。回到北京后，肝区开始隐隐作痛，不思饮食。当时以为是胆出了问题，找了个晚上独自开车去北京朝阳医院看急诊，做完B超后，一听医生找家属，我就什么都明白了。当即决定就在朝阳医院做手术。那时不敢告诉家父要住院手术，怕老人为我担心，谎称进山练功，还拜托身边的人和老师们对家父保密。一直到今年三月家父仙逝，都没敢告诉他我的病情。我也是在最近，才在功友的微信群里标示出：“北京，2014，肝癌”。可我多少总有些疑惑：家父真的不知道我的病情吗？还是他为了减少我对他的牵挂而故作不知？不然怎么会在今年我生日的时候，给我视频说了这么一段话：“林健，你好好活着，我等你回来”。在我如约从加州回到北京的当天，家父入院，次日便安然辞世。这其中暗含的内容耐人寻味。

在我康复的过程中，很多人问过我：“你怎么恢复得这么好？”我想除了自己从小喜欢运动，又练过郭林新气功，身体的底子还算不错，在治疗上也是在正确的时间做了正确的选择：在发现肝癌的当月就做了手术。还有一个主要的原因是心里没有恐慌。那时和一个朋友曾在微信上写道：“知道自己罹患肝癌后，心思没有散乱，尚留一点清明，可能就是这一点清明救了我。”

记得在手术前一天的下午，麻醉师到病房找我例行了解过敏史，临走时，冷不丁地问了一句：“你还有什么要说的吗”我应声答道：“我不是叛徒！”整个病房里的病友和家属们哄堂大笑。那一刻，我真的不觉得自己患了重症。

到了手术那天的早晨，护士给我插好了尿管，说还有几分钟就会有人推我去手术室，我转身走到三楼和四楼的楼梯拐角处，推开窗户，看着窗外的景色，点燃一支烟，心想如果今天下不了手术台，这也许就是此生最后一支烟了。那一刻，感伤与希望齐飞。当我躺在病床上，被推向手术室的时候，已有十几个亲友守候在病房门口，我背对着他们挥着右手，慢慢地攥拳，竖起大拇指，轻声唱着“鸿雁，天空上，对对排成行……。”

手术后的第二天下午，我从 ICU 被送回普通病房，那种劫后余生的感觉使我忽略了疼痛，隐约还有些欣喜。次日清早，趁着输液的空当，我让护工搀扶着来到楼外的树下，周围的人看着浑身插管挂袋的我十分好奇。我闭目站立了片刻，开始缓慢地练定步行功。以前常听老师们说腹部有肿瘤的人，练功时劳宫穴不能对着腹部，暗想今天不妨体会一下，谁知只走了两三步，肝部就犹如刀割，我赶紧把手心改为向下，几分钟后才得以缓解，这也算是以身试法吧。

在住院的那段日子里，我经常在病房里安慰别的病友，讲些笑话，弄得那些来探视的病友家属，往往不相信我是癌症患者。

记得有一次在探视时间，我的两个女同学来看我，其中一个带了一双手工做的布鞋，那是我得病之前托她买来准备练功时穿的。这同学进病房没说几句话，就拿出布鞋让我试试大小，插着众多管子的我还在输液，脚肿得根本穿不进去，我越说算了不用试，那同学越是一个劲儿地往我脚上套，我故作哀怨地说：“唉，你这是急着给我往八宝山送啊”，逗得满屋的人又是哄堂大笑。

除了心态乐观，我的气功底子对我也是帮助不小。

记得手术后第一次做介入治疗时，我的脉搏跳动得很慢，先后有三个人过来测脉搏，都说怎么这么低，大概只有四十多下。我对医生说：“我试试升上去”。于是我静心闭目，双手结印，躺在仪器旁练起了“吸吸呼”。两分钟后，站在旁边观测的医生说“哎，六十多下了，你怎么升上去的？”我微微一笑：“我把炉门打开了”。

出院后，有一段时间还没有拆线，我走路得拄拐杖，只能站在原地练定步功和升降开合，但对我恢复体力也有作用。几个月后，龚丽云老师邀请我去无锡碧波度假村住了一周，专门为我查功，为了怕我一个人练功乏味，还找了她的几个学生陪我一起练功，我们后来称那次为“无锡特训班”。回到北京后，具本艺老师也多次邀我去文化宫为我查功，她们二位都是郭林老师当年亲自教过的学生，也都在家里住过一段时间，我知道：她们如此毫无保留地指导我，是为了报答郭林老师。

说到患上肝癌，最初我自己也是百思不得其解，怎么会是我？我多年来从事郭林新气功推广工作，整天都是帮助别人抗癌，怎么自己也会中招？听来多少有些讽刺。其实，这也正从侧面说明了就算是练功人如果不坚持锻炼，不注意饮食起居，不注意调节七情干扰，也一样会病倒的。

我的主治医生曾全面地分析过：我患肝癌可能和七十年代末在农场时得过一次急性肝炎有关。

那时，我在北京郊区的平房农场工作，全家已经搬到鼓楼华丰胡同，郭林老师转移到地坛公园教功。当我从一传出院，拿着全休的假条，暂时不用回农场，就想利用这个机会好好学学新气功。郭林老师说：“你就去地坛公园吧，我让于大元教你。”我当时还有些纳闷：“为什么要让学生教我？”可当我到了地坛公园之后，发现那里每天有那么多的学员围着她，才明白她就是想教我也没时间，再说，我也实在不愿意挤到众人跟前讨教。幸运的是于大元老师教功生动幽默，讲解动作细致准确，我们相处得很好。每日里，除了练功，我们还有共同的爱好——打乒乓球。那段日子里，我每天上午练完功，就约于老师在斋宫那个大殿里打球。三十多年后，我和家父曾去看望中风后的于大元老师，我问他：“于老师，您还记得我们那时天天在地坛打乒乓球吗？”于老师的眼睛湿润了，拉住我的手，说着标志性的川普：“老朋友”。

在地坛公园练了差不多一年之后，随着指标逐渐正常，我去练功的时间越来越少，一是恢复工作后，农场离地坛太远，二是自以为摘掉了肝炎的帽子，就忽略了坚持锻炼。

还有一点不容忽视，我青年时性格内向，遇事不愿与人争执，总爱和自己较劲，以至于后来从肝炎发展成肝癌，也就不足为奇了。正所谓：斯人有斯疾也。其实，郭林老师当年也曾经提示过我。那是 80 年代初，她带着刘桂兰老师专门去我住的旧居看我，对我只说是路过。进了房间后，她看到门楣上写着“静心斋”，对刘老师说：“这个斋字用得好”，又指指墙上的横幅“蓄怒怀欲”，转过身对我说：“这个座右铭意思是好，但你要小心啊，太压抑自己会伤肝的。”可惜我那时只当作耳旁风，没有在意。现在回想起来，真的是五味杂陈，难以忘怀。 在那之后的三十多年中，随着生活和工作压力越来越大，生活不规律成了常态，熬夜反而成了习惯，直到彻底病倒了才幡然醒悟。虽然说是亡羊补牢，但这个教训实在是太惨痛了，应该和有类似经历的人分享：千万别等大病临头再关心自己的身体。

“却顾所来径，苍苍横翠微”，手术后，我安然渡过了五年，算是基本康复。但从大数据上看，还是会有相当一部分人会复发转移，我必须格外小心。这也是每一个癌症康复者必须重视的问题。

我这样来规划自己今后的生活：“选择适合自己的运动和心理调节方法，坚持学习，保持对新生事物的求知欲，在余生，全力推广郭林新气功，尽可能地去帮助别人，尤其是帮助那些癌症患者和已经走到癌症门外的人。”

希望我的经历能给看到这篇文字的人一点点启发，关注自己的健康，坚持运动，“从明天起，做一个幸福的人。”

郭林新气功
治癌的三点原理
朗读版

练功心法郭林
朗读版

练功心法郭林
文件

郭林新气功
治癌的三点原理
文件

癌症生存者话运动康复

—我和郭林新气功的故事

第三章
运动抗癌之星

一蓑烟雨任平生

我于2014年7月4日在福州协和医院确诊为左肺腺癌晚期，大小2.6×2.7cm（T1BN3M1），双肺转移，累及胸膜、左肺门、纵膈及双锁骨区多发淋巴转移，最大的位于肺门达2.0cm。2014年7月20日服下第一粒临床实验达克替尼靶向药，无进展生存期达到35个月后，被告知大网膜、肠系膜、阑尾转移。于2017年4月20日开始服用奥希替尼原料药，26个月后有缓慢耐药迹象，癌胚抗原缓慢升高，体感不好。于2019年6月14日开始培美+卡铂+贝伐化疗，四个疗程后重新服用奥希替尼，目前一切安好。

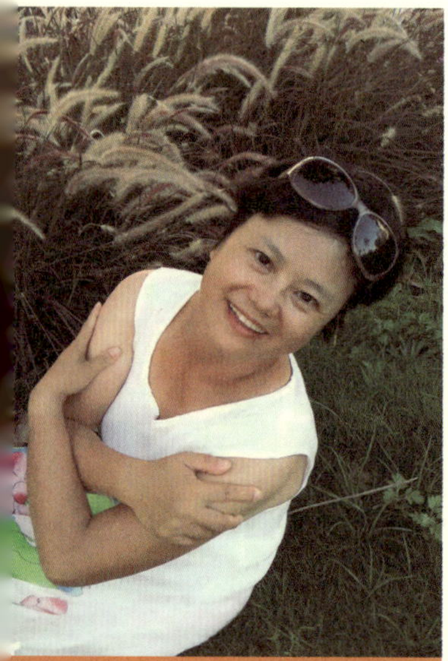

福建省 黄贻珍 左肺腺癌

对于一个晚期肺癌病人来说，就目前的医学科技而言，治愈基本不可能，能够稳定、控制住就已万幸。我的幸运体现在如下几点：1. 治疗没有走弯路；2. 得病的第一时间（在医院里）我就接触了郭林新气功，并选择了相信；3. 习练郭林新气功，融入群体抗癌，让我有了信仰；4. 习练郭林新气功延长靶向药的耐药期，简化了治疗，保存了元气。

一千八百多个日子里，当胃不舒服、烧心、反酸时我吐胃音（东懂）；当心脏不舒服时我练手棍、心经按摩；当睡眠障碍时我练头颈松静功、涌泉按摩功；当气管受伤，痰淤积胸口时我练定步功；当血小板严重不足时我练自然行功、快式定步功、升降开合和升白小棍功，再加上针灸。别人化疗要死要活，痛苦不堪，我却满血复活，每天有使不完的劲。同时，郭林新气功还治好了我的掌指红斑角化症。从此更坚定了我此生的方向——生命不息，练功不止！

“竹杖芒鞋轻胜马，谁怕？一蓑烟雨任平生。回首向来萧瑟处，归去，也无风雨也无晴。”与所有努力与癌症抗争，不向命运低头的癌友们共勉！

郭林新气功激活了我的第三人生

2012 年的冬天，我被诊断肺腺癌并伴有多发性结节。

2014 年开始，我坚持练功，在一群病友又是功友的陪伴下，我逐渐领悟出郭林新气功的内在魔力。练功改善了我多年的失眠症，精气神明显改善，多发性结节也控制良好。7 年的 CT 检查结果，全是“与前片相仿”，无复发转移。

随着新病友的不断增多，2017 年我接受了俱乐部交给我的任务，担任植物园郭林新气功辅导员。根据病友的需要，我从原本指定每周一上午 3 小时的查功与辅导的基础上，又增加了周四上午 3 小时。

“我运动，我健康！”67 岁的我，得益于郭林新气功的坚持练习，神清气爽。我会尽我所能，去帮助那些需要帮助的病友。

上海市 陈燕瑛 肺腺癌

坚持就有希望 活着就是成功

2012 年 9 月体检时，我被诊断出患四期支气管肺腺癌。拿到诊断报告，如五雷轰顶。但为了我的孩子和父母，我必须好好活着！

上海市 郭萍 肺腺癌

我先后做了 10 次化疗，一个疗程的伽马刀放疗，由于病情反复，又出现了脑转移、骨转移，后采取了靶向药物的治疗。

2014 年 5 月，一个偶然的机会，我听说郭林新气功可以抗癌，于是就到网上查找，看着视频就开始学练。后来又加入了上海市癌症康复俱乐部，在康复学校系统学习了郭林新气功的功理功法，经常找老师查功，有了很大的进步。2015 年 7 月化疗后白细胞下降到 1.8，我练升降开合升指标功，白细胞很快就能达到正常水平。通过练功，增强了我的体力和体质，还使我结识了很多功友，大家在一起交流学习，让我感觉开心又充实。

如今，练功已经成为我的生活方式。期间我有幸参与了大型郭林新气功表演活动，让我很有成就感，增强了我的自信心。生病七年，练功五年，虽然病情有反复，但我一直坚持治疗，坚持练功，保持了比较好的生活质量。我觉得坚持就有希望，活着就是成功。

练功——一个修心养性的过程

2019 年 5 月，当我和一众老师及辅导员，站在上海市癌症康复俱乐部郭林新气功教学基地的讲台上，向台下第 18 期提高班学员介绍自己的时候，心里不由得感慨万千：差不多五年前，我也是那台下的一员，当老师们一个个介绍他们 5 年、10 年的“功龄”时，身患肺癌的我好羡慕啊！如今，我练功也五年有余了。

上海市 何欢华 肺癌

练功初期，和许多功友一样，我非常卖力，不论严寒酷暑，风雨无阻。但后来老师告诉我们，练功也要因时、因地制宜，大风大雨天要避免室外练功，因为风邪、湿气进入体内对康复也是不利的。练功需要勤勉的精神但也不急于一时，要讲究方式方法。我受益匪浅。

努力练功一段时间后，当新来的功友说我脸色不太好时，我不由地开始反省自己，为何我还没有把自己的身体调理到最佳状态呢？后来重新学习了《郭林新气功为什么能治病抗癌》一书，认识到只有放松才会产生内气，才有治病防病的武器。而我练功时只关注势子是否到位、漂亮，严重地意落于形了。之后又花了很长时间学习请教，我总算放松了许多，逐渐走上了修心养性的道路。

郭林新气功充实了我的生活，让我的心态变得平和。愿我和广大的功友们一起，在这条路上不断地摸索前行！

对康复几个关键点的感悟

广东省 齐明石 肺腺癌

我是肺腺癌中晚期的康复者，2014 年 3 月行根除术，然后化、放疗。12 月学练郭林新气功。2015 年 5 月初复查，发现复发并转移。由于我对西医治疗产生强烈的恐惧，于是拒绝了西医治疗，破釜沉舟，靠郭林新气功找回了健康。

回顾 6 年来的康复经历，有以下四点感悟与大家分享。

①松静是练功必要进入的状态。气在静中求，气在松中行。通过调心入静，使形体达到圆、软、远。

②拜对老师是提高功理功法的阶梯。我先后跟随各位老师习练功法，不但功法规范、标准，而且学到了无私奉献的大爱精神和以古气功诠释郭林新气功的功理。

③准确掌握导引是通往康复的捷径。在掌握势子、呼吸和意念结合并用的基础上，把握郭林新气功的核心动作，是增强功效的途径。坐胯松腰两膝弯、百会朝天、脚跷手摸吸吸呼、以腰为轴带全身、辅助功闭眼行功睁眼、脚跟吸吸脚掌呼、正面吸吸侧面呼、一手丹田一手环跳，以及圆形轨迹左右摸等。这些核心动作，要贯穿于行功的始终。

④管理好自我行为是康复的关键。要把控好情绪，合理饮食，规律生活。

生命新周期

我于2010年6月发病，9月确诊为小细胞肺癌，分期T4N2M1. 广泛期、纵膈淋巴转移、左肾上腺转移。2010年10月13日开始入院治疗，化疗6次，放疗30次，直至2011年5月结束，出院后辅以中药调理。

在医院治疗时接触到郭林新气功，2011年初开始学习。我每天凌晨3点起床练行功，下午晚上练习辅助功，每天功时合计7～8个小时，一直坚持至今。现在的我，能吃能睡，精神焕发，心情开朗，体质明显好转。特别是开班培训学员时，虽然每天要工作10多个小时，我也不觉得累。

如今，我已平安度过第一个九年，我坚信有郭林新气功的保驾护航，我还会有第二个九年、第三个九年……

附打油诗一首：三点起床练郭功，一心来把癌魔征，练得体健身儿轻，回报社会辅郭功。

辽宁省 刘振国 小细胞肺癌

起点

内蒙古自治区 赵爱平 肺癌

2011 年 11 月，在我肺癌术后的第 4 年，内蒙古癌症预防与康复协会给了我一次赴上海癌症康复俱乐部参加康复培训的学习机会。这是内蒙古癌康会首次组团赴沪参加培训，也是我平生第一次当领队带领一行九人赴沪，顿感责任重大！

开学典礼上，我代表内蒙古学员接过第 74 期的会旗，如此的荣耀又是人生的第一次！

三周的学习开始了，各位老师耐心细致地教功，不厌其烦地解说，手把手地纠正学员的功法，并积极传授调整心态的经验、战胜疾病的信心，使人受益匪浅！

学习班结束时，我代表内蒙古学员在大会场发言，这又是平生第一次，心里满满的感恩和感谢！

我们带着学来的功法和康复的经验，带着我人生的五个第一次，还带着满满的幸福，依依不舍地离开了上海。这次上海康复学校培训学习，开启了我后半生新的人生起点，将永远定格在我的记忆中……

郭林新气功是我重生的希望

2002 年我退休后，经常咳嗽、发烧，医生诊断为气管炎，大剂量抗生素治疗，时好时犯。2005 年咳嗽明显加重，且痰中偶有血丝，到中国医学科学院肿瘤医院 CT 检查：左肺 5×6cm 肿物，确诊为低分化小细胞肺癌晚期。

经专家会诊，不能手术，只能化疗加放疗。首先进行了三次化疗和 30 次放疗，肿瘤缩小至 0.9cm，说明治疗有效。但我身体特虚弱，白细胞只有 2400，打针也上不来，医生决定暂停化疗，等指标达到标准后再说。

北京市 郭宝才 小细胞肺癌晚期

期间在家人的陪伴下来到了团结湖公园，跟着老师踏踏实实练起了郭林新气功，同时在北京中医院吃中药调理。开始，由于身体虚弱，练自然行功只能走十几米，休息一会儿才能继续练。一周之后，我就可以走四十分钟了，而且吃饭香，能睡觉。练功的效果增强了我战胜疾病的信心，从此，我每天上午八点前到团结湖公园，练自然行功、特快、中快、点步功，中午十二点回家。午休后，练自然行功、特快和中快功。就这样天天坚持练功。这期间自己煎中药，在饮食方面，荤素搭配，以素为主，每天吃抗癌食物。

三个月后，去医院复查，CT 结果肺部肿瘤消失，白细胞上升到了 5000 多，主治医生说不用化疗了。

病情稳定了，练功的劲头更足了。如今已经 14 年，我仍然坚持着，练功给了我健康，给了我生活的希望。

希望在心中，生命在脚下

北京市 汪志成 肺癌

2013 年 9 月初的一次体检中，我被确诊为右肺上叶后段中分化腺癌，约 4.8×3.8cm。经手术和四个疗程化疗后，在北京中医医院吃中药至今。2014 年 4 月 5 日到北京抗癌乐园地坛分园学练郭林新气功。通过中医调理和坚持郭林新气功锻炼，我的身体恢复得很好，每次复查影像和各项指标基本正常。在这里我要感谢为我治疗和检查的各位医务工作者，感谢教我郭林新气功的各位老师们，感谢关心和帮助我的家人和朋友们。

在这近六年的时间里，我和其他癌症患者一样，最初经历了震惊、沮丧、委屈、抱怨、无奈的心理过程。但是不向癌魔屈服、要争取活下去的信念支撑着我逐步走出了心理的阴霾。特别是我了解了郭林新气功和北京抗癌乐园的抗癌新理念“以健康的精神为统帅，以自我心理治疗为先导，首选西医，结合中医，坚持抗癌健身法锻炼，讲究饮食疗法，注意生活调理”。看到了那么多癌友们通过学练郭林新气功，群体抗癌，实现了康复的实例，从而更加增强了自己战胜癌症的信心、学练郭林新气功的决心。五年多来，无冬历夏，风雨无阻，我几乎每天都坚持到环境好的公园里练功，从不懈怠。

在学练郭林新气功的实践中，我坚信“希望在我们的心中，生命在我们的脚下”！

战胜病魔 幸福生活

2001 年底，我被确诊为肺癌并在上海仁济医院做了肺叶割除手术。由于化疗副作用导致心脏早搏，真是雪上加霜。2002 年 5 月，我开始学习郭林新气功。

郭林新气功有其科学依据，“吸吸呼”时，吸入的氧气大于呼出的二氧化碳，不仅增强心肺功能，而且优化气血运行，血液流速加快，微循环通畅，活血化瘀，从而有利于改变机体产生肿瘤与肿瘤复发转移的内环境，起到了防癌抗癌的作用。

我的抗癌治疗以心理治疗为先导，中西医结合，并坚持习练郭林新气功。

愿广大朋友们坚定信心，无惧无畏，战胜病魔，共筑时代辉煌！

福建省 贾作佑 肺癌

郭林新气功助我在康复路上行稳致远

2013 年 12 月，我因久咳不愈，且痰中带血，被确诊为右上肺周围型低分化腺癌。不幸中 还有不幸，还由于手术中失误殃及了我的另一个肺叶，在相隔 9 天后，这个无辜肺叶又被二次手术无情地移出了体外！但不幸中也有万幸，那就是刚入院时就让我认知了郭林新气功。

陕西省 王桂荣 肺癌

出院后，我以抗癌明星为榜样，很快从无助和恐慌中振作起来，以最快速度投入到练功中来。先后多次在全国范围内参加了郭林新气功普通班、提高班、研讨班、辨证班的学习培训。这期间，榜样的风彩及身边的感动，无不为我对郭林新气功的坚信与坚持注入无限动力！对待练功，我就像每天要吃饭和睡觉那样，看似平常但又必不可少。

随着我对郭林新气功功理功法的日益熟练，我的身体和精神状态也在日趋改善，每次例行复查，次次过关，平稳如愿。至今年初，我已成功闯过医学上称之为临床治愈的 5 年大关了！这些年，我一边扎实练功，一边还注重尽可能参加西安癌症康复协会的各项活动，尽我所能帮助周围更多的功友携手走好练功康复之路，从而也很快赢得了这个群体的普遍认同和赞誉。练功的第二年，我便开始担任协会举办的郭林新气功培训班辅导员，第三年担任辅导老师，后任主教老师和协会所辖的郭林气功同学会副会长。有了协会这个公益平台，为实现我“练功康复自己，传功救助他人”的夙愿提供了有利条件。

智勇斗癌，永不言败

2015 年 10 月我被查出肺腺癌多发脑转、骨转、双肺转、纵膈转移，属于晚期中的晚期。自 2017 年 7 月起吃靶向药 9291 已 28 个月，练习郭林新气功两年，我做梦都没想到能活到今天，是靶向药 9291 和郭林新气功救了我的命！在抗癌过程中我感受较深的有以下几点。

首先，癌症和性格有直接关系，要想抗癌成功，性格一定要改。生活中要心态平和，积极乐观，不钻牛角尖，不生闷气。

吉林省 葛卫东 肺腺癌

其次，心态决定成败。一定要有信心，任何时候精神都不能倒，只要精神在，就有希望。我从第一天练功就坚信郭林新气功能救我的命，坚持了整整两年，也取得了明显的成果。

再次，保持一颗平常心，不气馁不急躁。给自己一些时间，不急功近利。练功贵在放松入静，我们要全身心地投入到练功中去。我从每日练功 4 个小时增加到现在的 8 个小时，吃饭睡觉都在练功，我的努力得到了回报，从早到晚精、气、神很足。如果练功效果不明显，主要原因还是功时不够。

最后，要辨证练功，不能超过身体的承受能力。我练功就凭体感进行把握，练完功身体刚好，一定没问题；体感不好，就找出原因，及时纠正、调整。

希望大家都振作起来，敢于向命运挑战，相信自己能康复，我们共同创造生命奇迹！

我和郭林新气功的故事

2015 年 3 月，我在单位体检时发现右肺占位，随后进行右肺上叶切除及纵隔淋巴全部清扫手术。术后病理显示纵隔淋巴 60% 转移，病理分期肺鳞癌 Ⅲ A 期，行常规化疗 4 次，纵膈放疗 25 次，治疗历经 5 个月。

陕西省 张建设（左一）肺鳞癌

刚开始化疗的时候，我在网上搜索各种适合癌症患者康复运动的方式，郭林新气功进入我的视野。随后我加入了西安抗癌俱乐部（2016 年正式注册成立了西安市癌症康复协会）。2015 年 11 月，我报名参加了俱乐部举行的第八期郭林新气功培训班。郭林新气功以松静自然为主题，以中医和古代气功的思想理论为基础，增加了行功和吐纳导引，动静相兼，通过“圆、软、远”三字诀，保持“三心”，对癌症患者的身心康复起到了积极的作用。

我每天清晨用吸吸呼走在公园里、小区里，无论春夏秋冬。后来受西安癌症康复协会委托，我承担起西安郭林新气功同学会的管理工作。自 2016 年起，我们用请进来、走出去的方式促进西安郭林新气功群体的发展和壮大，帮助更多癌症患者走向康复。

这就是我和郭林气功的故事，也是一个癌症患者康复的故事。看着那些康复了几十年的抗癌明星们，我知道，我和郭林新气功的故事还将继续，那么就让我精神内守、气定神闲地用吸吸呼姿态一直走在康复路上吧！

与病魔抗争四十年

1979 年我因工伤致尾骨、骶骨、骨盆多处骨折，后来发展到需要用杜冷丁止痛，生活不能自理。

1980 年确诊为脊索瘤，手术切除骶骨 4、5 节及尾骨。1983 年、1987 年 2 次复发，三次住院，手术 5 次，术后放疗一次。2001 年 5 月，体检发现两肺肿瘤！经北京肿瘤医院确诊为肺部鳞癌，已经是晚期，失去手术机会。于是采取中医中药、练功、旅游等综合治疗，效果比较明显。

西班牙 单月霞 脊索瘤、肺鳞癌胸壁转移

2005 年以“左下肺肿块和左下胸膜增厚”住院，手术切除左下肺肿块，但术后左胸膜增厚仍然存在。2008 年 8 月，复查发现左侧胸膜已由原来的 1x1cm 增厚至 4x4x3cm，建议手术切除，术中发现为胸壁上的转移灶，无法切除的部分只能做电灼术，术后放疗。

2001 年在肿瘤医院挂号时，听说郭林新气功可以帮助癌症病人，我马上买了一本介绍郭林新气功的书。几经周折，到地坛公园向老师学习郭林新气功。后经老师指点，功法有很大的进步。随着身体状况好转，我和老伴带着郭林新气功走遍祖国的山山水水，不知不觉一年又一年走过坎坎坷坷抗癌路。

郭林新气功被国际气功科学联合会评为“优秀功法奖”，我在第五次国际气功大会作了“活着就是硬道理”的发言，说出了每一个抗癌人的心声。

我的抗癌之路

2008 年 4 月 16 日，我无意中摸到颈部锁骨处有一个小硬块。第二天去医院检查，做了 CT，怀疑是肺部肿瘤淋巴结转移至锁骨处。CT 报告显示，肺部有三厘米左右带毛刺的阴影，立即住院检查。后背穿刺的结果是没有发现癌细胞（可能是技术水平有限的原因吧），颈部小肿块针吸是干酪样坏死，也没有发现癌细胞。不能确诊是肺癌还是肺结核。由于肿块三公分比较大，若吃抗结核药，最后会严重伤害肝。斟酌再三，于 4 月 29 日手术切除了左下肺一叶，3×3 厘米。结果是肺腺癌淋巴转移一枚，IIB 期。

江苏省常州市 黄小琴 肺癌淋巴转移

确诊后我每天心情压抑，郁郁寡欢，甚至想过深夜走到大桥上想一跳了之。可最终还是舍不得年仅 12 岁的儿子，如果没有亲妈陪伴他的成长，他将会比我更痛苦！我不能就这么轻易放弃。我一定要好好活着！

2011 年 11 月癌细胞转移到脑部 1.0cm 和 0.8cm，又做了十次全脑放疗。

一次偶然，我接触到郭林新气功，老师认真严谨的态度让我也练得格外认真。学功期间，我深切体会到郭林新气功就如黑暗中的那一抹光辉，照亮了我前进的方向，似甘甜的晨露滋润了我干涸的心田。我的心中升起了希望，憧憬着美好的明天。学习班学习结束后，我也一直按照老师给我的练功方案。无论风霜雪雨还是骄阳似火，日复一日，年复一年，脚跷手摸吸吸呼。

在老师的不断指导下，我的心态、饮食、生活起居都得到了很大的改善，如今已经康复 11 年了。2017 年 5 月还取得了辅导员老师资格，希望今后能把自己成功的抗癌经验跟更多的癌友分享。

生命的绽放

我是一名普通职工，与癌魔抗争了九年。在该走向人生尾声的时刻却迎来了生命的新篇章。

2010年10月25日，我被确诊为未分化小细胞肺癌，它是肺癌中最难治疗的。正当我走投无路、不知所措之时，女儿赶了回来并带来一个消息：深圳康复乐园11月18日举办气功治癌学习班，还带来了郭林新气功的书，书里的故事深深打动了我。

湖南省 郝振南 未分化小细胞肺癌

于是我准时参加了郭林新气功康复学习班，刻苦、认真地学习了郭林新气功的抗癌功法。初练功时，只能由妻子搀扶着在家门口的文化园“吸吸呼”，当时由于身体极度虚弱，一套功连5分钟都走不了。耐心的妻子搬着小板凳跟在身后，走几步，累了就坐下休息，休息好了又继续行走。凭着不屈不挠的毅力，坚持天天练功，加上中药的调理，我终于恢复到了自己满意的体质。三个月后的复查结果令人难以置信，所有指标均正常或接近正常。

我开始练功的功目是快式定步功加自然行功、升降开合吐“哈”音、两个特快功、中快功、点步功和手棍功，第二年减去了一个特快功，加上了头部按摩功，有时间还练一下慢步行功。

就这样我开始了我的“五年计划”，每个春夏秋冬，日复一日年复一年，每天吸吸呼，复查结果也都让人满意。“无惧恶疾仰天笑，誓逼死神跪地泣。”郭林新气功彻底改变了我的心理、生理和病理状况，使我一步步走向康复，随即我又开始了第二个、第三个“五年计划”……

勇斗恶魔 喜获新生

1992 年秋我被初步诊断为肝癌。1993 年 1 月行部分切除术，切除肝肿瘤 7.8 公分，病理诊断为“原发性肝细胞癌、中分化”。术中行插管化疗，结束后身体状况极差。之后吃中药并坚持郭林新气功，病情得到了控制，逐渐走上了康复之路。

山东省 刘加庆 肝癌

回顾抗癌经历，有如下几点体会。

第一，首次正确的治疗是康复成败的关键。患病初期当地医院无法确诊我的病情，我毅然决定远赴上海，到专业医院就诊，并完成了手术。第二，自信和坚强是顺利康复的重要保证。刚确诊患癌时，我害怕极了。但是亲人的陪伴、医生的鼓励使我选择了坚强。此外，相信自己可以战胜病魔，也是十分重要的。

第三，建立有序的生活方式是康复的必要条件。患病后我在重视科学治疗的同时，重建有序的生活习惯，平衡的饮食 + 充分的休息 + 适当的有氧锻炼。我选择了有独特效果的自然疗法郭林新气功，长期习练至今不辍。

第四，群体抗癌可以改善癌症患者的生存质量。1993 年 5 月我加入了青岛市癌症康复协会，与众多病友一起交流抗癌心得体会、习练郭林新气功、参加各种活动，精神和身体都获得了正能量。五年后，我又重新走上了工作岗位，获得新生！

郭林新气功助我斗肝癌

我是一名中分化肝细胞癌患者，2016 年 12 月手术，2017 年 11 月开始学练郭林新气功。我将我与郭林新气功的关系归结为以下四个方面。

一、结缘郭林新气功

2017 年我出院的当天，一位病友向我推荐了郭林新气功。回家后，我一边了解郭林新气功一边练习太极。同年十月复查时发现癌转移，我开始从心理、生活、锻炼方式上检视自己，决定加入重庆郭林新气功抗癌康复群。老师深入浅出的讲授、不厌其烦的示范、无私的大爱、乐观幽默的态度给了我信心和力量，下决心一定学好郭林新气功。

重庆市 莫永平 肝癌

二、如何练习郭林新气功

我每天 4 点多开始练自然行功、特快功、升降开合、吐音功、中快功、点步功；下午练习中快、一步点、手棍、脚棍；傍晚练定步和升降开合。一周后，我逐渐适应了这个作息安排，并一直坚持了下来。

三、练习郭林新气功的效果

吃得下睡得香，体重由练功前的 120 斤长到现在的 142 斤，身体素质增强，每周坚持爬山不觉得累，肝上结节和斑片影消失，4 次常规复查均正常。

四、自我调节，多管齐下斗小癌

调整好心态，积极乐观充满希望；合理治疗，中西医结合，坚持锻炼；平衡饮食，规律生活。癌症的康复不可急于求成，注重自我调节，多管齐下，才是长久之计。

珍惜生命 珍惜当下

上海市 裘雄甫 肝癌

2012 年 9 月体检时，我被确诊患肝癌。通过手术清除了肝脏上的病灶，为今后康复打下了基础。

出院后经过一段时间的沉淀与自我调节，同时通过网络了解了一些抗癌的方式方法，特别是对郭林新气功的认识，犹如溺水之人抓住了救命稻草，我毫不犹豫地加入了上海癌症康复俱乐部。通过在俱乐部的学习，我初步掌握了郭林新气功的基本要领，每天风雨无阻地坚持练习。一段时间后，我面色红润，皮肤光滑，能吃能睡能锻练，七年来我的病也从未反复。

如今，习练郭林新气功已融入到我的生活，一天不练就浑身不舒服。感谢郭林老师给了我们一根“打狼”的棒，使我们有了战胜病魔的武器和勇气。我们必须要有信心、决心和恒心，坚持运动，创造健康。珍惜生命就是要珍惜当下，为了明天我们一起努力！

风雨砥砺二十载 抗癌健身一路歌

1999年我患原发性低分化肝细胞肝癌，病灶靠近第二肝门，位置较深，考虑到手术的创伤较大，最终选择微波消融治疗。仅仅经过两次微波消融治疗，一个3.2cm的病灶就已经被完全灭活！

出院后我就到八一湖学习抗癌健身法，天天坚持锻炼，不但生活规律，睡眠好，食欲好，精神好，而且体力恢复迅速、生活质量几乎不受影响。

遗憾的是三年后，发现肝右叶又出现了一个2cm的病灶！三个月后复查又发现了一个2.0厘米的占位，这次依然是微波治疗将其消灭。

北京市 卓承永 肝癌

接连不断的复发转移引起我的深刻思考，制定出了一套新的康复方案。①把中成药改成了个体针对性更强的中草药汤剂。②春、秋天适当注射胸腺素；夏天、冬天用一些免疫核糖核酸、干扰素、白介素-2等。③选择防止细胞突变的保健品，如opc、虾青素、壳寡糖等；多食用抗癌效果强的姬松茸、灰树花等食品。④注意保肝治疗，比如适当地用一些辅酶Q10、还原型谷胱甘肽等。⑤适当配合服用复合维生素、微量元素硒。⑥保持积极乐观、平和宽容、开放进取的心态。⑦继续坚持并加强抗癌健身法锻炼。我每天坚持4~5小时以上的体能锻炼，并且选择多练吸氧效果最好的中快功法，多练对肝脏疾病针对性更好、效果更强的点步功，结合抗癌健身法的其他功法，进行刻苦的体能康复锻炼。

经过几年坚持下来，终于遏制了反复复发的势头，取得比较满意的康复效果。

为了帮助更多癌症患者，经过不断的努力，将自己积累的经验和知识总结出来，我撰写了三部抗癌的科普书《延长生命的秘诀——一位肝癌病人的抗癌心得》《抗癌好帮手——癌症康复治疗238问》和《抗癌康复起跑线》，奉献给广大癌症患者。受到癌症患者及其亲友的关注与欢迎。

20年的蹉跎岁月让我既感慨万千，又意气风发！

抗癌治病的有力武器 延续生命的重要法宝

福建省 陈志宏 肝癌

2014 年 11 月，我被确诊为中晚期肝癌，肿瘤 3.5cm，中低分化，伴有门静脉癌栓、中度肝硬化等，行左肝根治术，介入及放疗。手术刚结束，医生就好心提醒，要我做好肝移植的准备。一位病友向我推荐郭林新气功，妻子上网查询并购买相关的资料，陪我自学。

2015 年 3 月，我面临进行射波刀治疗还是参加郭林新气功培训的选择。最终决定拼一次，先培训再治疗。在培训班我见到了福建癌协的众多老师，深切感受到郭功人的坚毅、乐观、大爱。培训后去检查，各项指标基本正常，我信心倍增！

2015 年 6 月至今，我的各项指标都正常了，身体越来越好！回想得病之初，迷茫、无知、纠结、焦虑也曾困扰我，是郭林新气功使我树立“三心”。无数个日夜我与郭林新气功相伴，“吸吸呼”从未停息。是郭林新气功让我心平气和、心安神静、生活规律，使我进一步读懂了生命，享受生活、享受人生！

有人说：生命不息，运动不止。我要说：郭功不止，生命不息！

郭林气功助我重生

2010 年 5 月在我 34 岁的时候，发现肝上有一个 6cm 多的占位。手术后医生的评价是：太及时了！因为肿瘤已经破在身体里面，再晚一天都很有可能会由于大出血而丧命。为了防止肿瘤破裂溢出物浸润其他脏腑，我的腹腔胸腔清洗了五遍，输血 1800ml。

没有料到的是，术后第二个月我就复发了，而且是多发，最大的一个病灶又达到了 5cm（多结节融合），小的病灶数不清楚。当时医生说我最多还有五个月的时间。有一天妈妈对我说："我已经六十岁了，我也不求多，我能活到八十岁就好，你就再陪我二十年吧。"二十年，在同龄人看来是如此的轻松和自然而然，对我而言却显得比登天还难，但是再难，我也要努力！

上海市 高凤磊 肝癌

2011 年 6 月，我在上海参加了郭林新气功学习班，十天的学习使我与郭林新气功结了缘。由于我第一次学功时毫无基础，2011 年 10 月，我又从上海来到无锡第二次学习郭林新气功。在老师的严厉和精心的传授下，我渐渐比较熟练地掌握了功法。

2011 年 12 月复查，病灶模糊。2014 年 8 月复查的时，发现肿瘤已经不见了！

2015 年 10 月我由于练车没有坚持好好练功，再加上七情干扰，身体又一次出现问题，检查发现胃部贲门处长出一个息肉（忧思伤脾胃），需要通过胃镜手术把这个息肉取出。于是接下来的一段日子里，我没有去练车而是专心练功，同时把之前减掉的特快功又重新练了起来。大概一个月后，当我全麻躺在手术台上时，医生却在胃镜里查不到那个东西了，它消失了！

曾经我为自己如此年轻得此恶疾而悲观自怜，而今我为自己能够有幸学练郭林气功感到温暖和庆幸。学练悟的道路永无止境，对于功理功法的钻研也没有尽头。诚意、正心、守神，"致虚极，守静笃"……我也必定会沿着这条正确的道路一直走下去。

我与郭林新气功相遇的五年

广西自治区 韦东 肝癌晚期

2014 年因肿瘤破裂大出血在广西医科大肿瘤医院肝胆一科行加急手术。病理检测为 BCLC-C 期，低分化。8 月行手术，八个月后发现腹腔种植转移，不到两年先后经历了六次“破腹产”，第三次术后开始吃靶向药（多吉美），没放化疗过。2016 年 5 月第六次术后至今，多次的 CT、B 超、肝功检查没再发现“敌特分子”，目前我能吃能睡，正常上班，愉快生活，与常人无异。

作为肝癌患者，我是幸运的。首次术后第六天，一位 32 年癌龄的老师（尚健在，住南宁市马山县，胃癌，全切）亲自到我的病床前，对我说：“癌症不等于死亡！郭林新气功可以治病抗癌！”经他一番“话疗”后，我仿佛在无边黑暗中，终于看到了一丝生的曙光，术后第七天就从病床爬起来，跟着老师习练简单的“吸吸呼”。从与郭林新气功邂逅那天起，练功就成了我生活中不可缺少的一部分。

也许，是我的执着感动了上苍吧，机缘巧合，我找到了组织——南宁康复乐园。从此，我接受了正规的学习。之后有幸成为了老师们的学生，进一步学习功理功法，辨证施功，为自己的康复保驾护航。

反思这五年，跟癌龄四十年的老癌们比起来，我连小巫都不算。但我深知“雄关漫道真如铁，而今迈步从头越”的道理。活着才是王道！只有活着才能帮助更多需要帮助的人。

落红不是无情物 化作春泥更护花

1999年11月我被确诊为原发性肝细胞癌，一张诊断书，触目惊心的几个字，顷刻间把骄傲的我打入了死亡的边缘，也由此跌入了另样的人生。

那年我刚好41岁，正是干事业最好的时候，痛定思痛之后，我从悲痛中慢慢走出来。我迅速接受了治疗，三个月的时间，我经历了手术、化疗、中医等综合治疗。虽然在这过程中饱受了很多的痛苦，可贵人相助，专家的精湛医术，以及家人朋友们的鼓励和关爱，使我有勇气闯过了一关又一关。2000年新春，我治疗告一段落，终于出院了。

海南省 张建平 肝癌

癌症病人出院，就意味着漫长的疗养开始了，判了“死缓”。疗养得好不好对日后的康复至关重要，我要和死神抢时间，很幸运我遇到了郭林新气功，从此进入了苦练的岁月。四处参加培训向老师学习，不管刮风下雨、严寒酷暑，我都努力坚持练功，并不断学习、充实，总结，这一练到今天将近20年。

郭林新气功不仅恢复了我身体的体能，使我得以生存下来，而且还改变了我的心态，教会了我一份生活态度和做人的责任，更实现了我重返工作岗位的梦想，力所能及为社会尽了一点微力！

落红不是无情物，化作春泥更护花。人生得癌是不幸的，但应对得法，也会使人进步。

郭林新气功让我创造生命奇迹

2012 年，我被确诊为肝癌中期，做了部分肝脏和胆囊切除术，之后服用三年中药。除手术外，没做西医其他治疗，现康复七年多，状态良好。在我的康复之路上，郭林新气功功不可没。

江苏省 李志飞 肝癌

肝癌术后第三个月复查，发现肝部、肺部结节、肝硬化、肺纹理增粗、脾肿大、胸部和腹部积液、白细胞和血小板低等症状。住院期间，女儿给我买来了郭林新气功教材，我坚定地相信郭林新气功可以救我的命！于是我每天早晨 5 点多去公园练功。刚开始身体虚弱，每天只能练三个多小时。慢慢坚持一年以后，我 20 多年的咽炎好了，身体也慢慢恢复，能吃能睡体力好。

病情本该稳定了，可 2014 年 4 月复查发现骶尾骨转移，7 月再检查，右侧斜骨又发现转移灶。但我没有慌乱，迅速调整练功状态，继续坚持练功。

2014 年 9 月，我参加了郭林新气功学习班，对郭林新气功有了进一步认识和理解，老师也给我在功法上做了调整，我在“松静”上狠下功夫，增加功时，全天候练功。

两个多月后再去复查，我自己都不敢相信，骨转移、肝硬化、肝、肺结节、肺纹理增粗等全部消失，脾肿大及白细胞、血小板也都恢复正常！

如今，我也成了郭林新气功的传播者，很多癌友从四面八方来到南通跟我学习郭林新气功。郭林新气功让我创造了生命奇迹，更让无数癌症病友因此走向康复！

郭林新气功 抗癌防癌有力武器

一、遭霹雳——罹患重癌，及时治疗

六年前我罹患升结肠肝曲结肠癌、肝右前叶转移瘤、肝门区多发淋巴结肿大。那时我第一次感受到了生命终结的恐惧。经过会诊，手术切除肝脏和结肠两处病灶，耗时 9 小时，病理显示升结肠溃疡性腺癌，肿块 3.5cm，部分粘液腺癌，癌组织浸润肠壁浆膜下肌肉组织；肝右叶腺癌 2cm。术后三周行第一次化疗。

浙江省 卢镜舟 结肠癌 转移 肝癌

二、降幸运——初识郭功，自学不易

初见郭林新气功，是我术后第 37 天。由于体力原因，我只草草观摩了几分钟，觉得略懂一二。当天开始看书自学，从那时开始了我近六年的练功生涯。

我除了每次化疗中间一天 24 个小时扎着针头不能动弹外，六年来从没停一天功。虽然自学的功法很差，但我觉得对于我顺利、伤害较小地完成化疗来说，郭林新气功功不可没！

三、从名师——学得真功，有效抗癌

强烈的求知欲和求生欲促使我一口气加了几个郭林新气功群，找到了最好的老师，也是我的救命恩人——郭林老师的亲传弟子，无锡的龚丽云老师。她的传道受业解惑让我茅塞顿开，受益匪浅。

六年多来，郭林新气功就像一阵春风，使我这座干枯的树墩冒出生命的新芽。今后我会饮水思源，将郭林新气功带给更多需要帮助的人！

生命掌握在自己手里

广东省 黄妙璇 肝胆管细胞癌

2011 年 8 月我体检时发现右肝叶有肿瘤，2012 年 9 月复发，2014 年 7 月复发。三次病理结果均为肝胆管细胞癌。

记得第一次手术时，朋友去探望我，介绍了郭林新气功。出院后，我在网上查了一些资料，谈及郭林新气功通过调息（改变呼吸方式）能提高身体含氧量，是能提高吸氧效率的“吸氧功”，其中特快功还是消瘤功。当时看到这些资料，我心情非常激动，瞬间好象抓到了救命稻草，充满希望。回家后马上开启了学功之路。

不离不弃已 8 个年头，温功理，学功法，边学习边实践，慢慢体会到郭林新气功的博大精深，新气功疗法根据人体生理、病理、医理，认真贯彻辨证施治。从 2014 年 7 月至今我的身体状况越来越好，5 年来没有吃任何的中西药，全部指标都在正常的范围之内。

疾病使我的生活习惯发生了彻底的改变，主要有三个方面：饮食、运动、情绪。我始终坚持不懈地学习、实践、提升。从一开始的生搬硬套，到慢慢学会理解，最后学会辨证施治、灵活运用。每次看到小小的改变都能增强信心与动力。也深深地领会到，生命其实可以掌握在自己手里，只要你愿意去改变。

癌症≠死亡

2011 年体检时，我被确诊肝癌（5cm），靠近高压门静脉很难手术！在专家建议下，我开腹后切除了 14cm 的右肝。术后并发症严重，一个月掉膘 20 斤。在药物和化疗成效都不明显的情况下，我开始习练郭林新气功。

开始只会自然行功、特快功、点步功，每天反复练六七个小时。圆、软、远没掌握好，身上这儿痛那儿痛的，曾以为转移了。但不到一个月就感觉胃口开了，睡眠好了，不拉不吐了，体重也止跌回稳了。家人看到我状态一天天改变高兴地说："这功真神奇！"本来打死也不信的什么气功，还真救了我的命！

练功 8 年，不仅癌症从未复发转移，而且鼻炎、肩周炎、支气管炎等慢性病也逐渐痊愈。后来我几经培训也当上了教功老师，使 200 多位病友练功受益。郭林新气功成就我从"癌症之王"到"抗癌王子"的康复梦想，使我亲身感受到郭林新气功是科学也是实践，是动静相兼、三调合一的"抗癌专利"。

四川省成都市 张荣晓 肝癌

第二次生命的微笑

福建省 陈淑美 乳腺癌

1984 年 8 月，我被诊断为乳腺癌，进行了根治手术，一星期后，我就拆线回家了。

在家中，我用中药调理身体，并天天坚持晨练。期间，我接触到了郭林新气功，了解了其抗癌的原理，并开始每日习练。1990 年 12 月，我参加了第二期省金鸡山疗养院举办的“郭林新气功培训班”。经过 20 天的学习，癌友们情绪高涨，我们自发地成立了“福州市癌症康复协会”，点燃了福州癌症患者抗癌求生的希望之光。

随着群体抗癌的良好影响越来越大，学练郭林新气功的癌友与日俱增。有个肠癌改道的癌友病情严重，但经过我们的“话疗”和辅导习练郭林新气功，至今已生存了近 30 年。

我们常派会员到北京抗癌乐园学习，以求提高辅导员的功力和教功水平。回来后，常年举办郭林新气功培训班，帮助更多的癌友早日康复。期间，我被推选为会长，这个会长一干就是 23 年。今后我将继续奋斗在群体抗癌第一线，动员和组织更多的癌友学练郭林新气功，让更多的癌症患者在第二次生命中露出微笑！

挖掘生命的潜力

39 岁那年，我得了乳腺癌，半年的化疗，一年的靶向，伤心至极但总要直面惨淡的人生。治疗结束后我开始练习郭林新气功。第一年我是自学的，看书看视频学前辈，有机会就去蹭各大公园老师们的教功查功，渐渐地我也练得略有样子了。一年后我参加了上海癌症俱乐部主办的一次气功活动，随后便加入了俱乐部的提高班，从此与俱乐部正式结缘，也拓展了我学习郭林新气功的视野。

上海市 李晶 乳腺癌

生命就是自我的救赎和自我的成全。在生存和健康的压力下，人的潜力都被不断挖掘，我在练功路上日复一日地走了近五年，学会了协调生活和练功的关系，也逐渐得到内心的安宁。我一直认为，工作是方法论，康复练功也是如此。首先要认清自己的状态，其次明确想要达到的目标，最后制定此目标需要的各种办法，然后就是执行和修正。这个方法论始终贯穿我的康复路程，对我帮助很大。

人必自助而后人助之，而后天助之。调身调息调心，感恩郭林新气功，陪伴我幸运度过了五年。但抗癌是一辈子的路，如何继续练功，如何更好生活，我还需不断摸索学习。

用心开心地学功 享受愉悦地练功

重庆市 殷群 乳腺癌

2008 年 12 月，我被确诊为右乳浸润性导管癌，组织学分级 Ⅱ 级，腋窝淋巴结见癌转移（5/16）。2009 年 1 月行 TEC 化疗方案，六个疗程后，行 30 天放疗，之后继续两个疗程的化疗。同年 7 月被检查出骨转移。治疗过程中，虽有心理准备，但面对掉落一地的黑发，感受到白细胞低、便秘、身体虚弱等一系列放、化疗副作用时，我感到无比痛苦。为得到救赎，我开始习练郭林新气功。

几年来练功中付出的汗水与努力，都得到了回报。郭林新气功让我的身体得到修复，逐渐回归正常的身体状态，病情也得到了很好的控制，每次体检都顺利通过。2014 年创建了郭林新气功重庆鹅岭群，我开始分享自己的康复经验。2016 年，我同另外两位病友一起，带领身边的病友习练郭林新气功。大家一起分享练功的心得，积极调整心态，抗癌取得了很好的成绩。

当癌症来临时，每位病人几乎都会经历从震撼、不接受，到逐渐接受、最后想通的过程。在这个过程中，我们会经历很多的辛酸与艰难。可是千万不要忘了，我们还有挚爱的家人和可靠的郭林新气功。用心开心地学功，享受愉悦地练功，我们终会战胜病魔！

与郭林新气功谈一场恋爱

曾经有人问我练习郭林新气功的经历，我仔细斟酌了一下，简而言之就像谈了一场恋爱。

我与郭林新气功真正相遇是在上海市癌症康复俱乐部。三周康复培训班期间有一天我在自家阳台练“升降开合”，看见一对白鹭在水池边憩息。我感叹于自然生命的美好，从此抱着试试看的态度开始了郭林新气功之恋。

上海市 钱菁 乳腺癌

我们的恋爱并非一帆风顺。恋爱初期我并不积极主动，每天练一个自然行功就算打过卡了。两个月后感觉人有些虚，想起老师说练功需要有泻有补，于是晚上增加了肾俞式定步功，才慢慢找到了感觉。

陆陆续续练习了两年以后，我感受到郭林新气功对我的好，我们进入了热恋期。不管严冬酷暑，每周一至周五上午我会练自然行功，快功，升降开合，一、二、三步点功，晚上再练一套肾腧式定步功。我感觉自己渐渐恢复了能量与活力。冬天原本怕冷的我，练功后身体会变得暖暖的。夏天原本不爱出汗的我，练功流汗后有一种畅快淋漓的感觉。黄梅天别人都抱怨天气很闷，我却觉得自己神清气爽。就这样不知不觉郭林新气功陪我迈过了术后五年这个坎。

如今我重回职场，与郭林新气功的恋爱回归了平淡，虽然功时不如之前那么多，但是我会抓住工作之余的时间让这一场恋爱继续下去。

美丽人生

2006 年 5 月，我收到了一张“乳腺癌”的黑色请柬。手术后，白天我强颜欢笑，夜深人静时，不知默默地流下了多少眼泪。

2007 年 5 月，我参加了上海市癌症康复俱乐部第 58 期康复班，学练郭林新气功。因为最近一次血检的肿瘤指标高出正常值 4 倍，我情绪低落。但袁会长激励我说：“2008 年我们要一起去北京看奥运会！”我重拾信心，每天坚持练功。

上海市 荣慧 乳腺癌

半年后，我的肿瘤指标一切正常，更坚定了我运动康复的信心。2008 年我实现了去北京看奥运的愿望，在长城、天安门、鸟巢、水立方发出一次次幸福的欢呼。之后我参加了俱乐部的艺术团，多次出国表演，还作为“少奶奶时装队”一员登上了央视的舞台。在接受采访时，我用剧中角色的一句台词说出了心声：“运动就是免疫力”。

2009 年 1 月，我成为了俱乐部的一名注册志愿者，担任康复学校郭林新气功的教员，至今已义务教功十载有余了。每天给学员们讲解、演示、传授功理功德，晚上与学员话疗谈心，有时真的很辛苦，但我心里甜甜的，感觉自己的付出很值得。

今天，57 岁的我又找回了美丽，并在奉献中品味了内在美、心灵美的意境。我要对乳腺癌姐妹们说，我们更需要妆点生命，我们依然美丽！

生命的新坐标

2014年初，我被确诊浸润性导管癌、淋巴结转移。三月份做了手术，经过大化疗四次、小化疗十二次、放疗25次，用赫赛汀靶向治疗一年后结束了医院的治疗。出院后，我陷入了迷茫和无助之中。在弟弟的鼓励下，我参加了上海市癌症康复俱乐部，成了康复学校第95期学员，接触到了郭林新气功。

刚学功时，我感到力不从心，双脚软弱无力，也很难进入入静状态。不过学功练功一星期后，我突然发现脚底热了，脚步也迈得扎实了。有杂念时，我就一遍遍默念“我运动、我健康”。经过一段时间的潜心感悟，我渐渐地进入了“恬淡虚无”的练功境界。

练功时舌舐上腭，在接通任督二脉的同时会产生大量的津液。津液不仅有解毒、提高免疫和消化功能，还能抑制癌细胞。我每天练功吞咽50～100毫升津液。练着练着，睡眠改善了，免疫力提高了，脸色红润了，心情开朗了，各项指标都正常了。如今，每天的晨练已成为了我的生活习惯和生活方式。它不仅考验了我的毅力，更让我享受到了健康带给我的幸福，我找到了生命新的坐标。

上海市 俞和蓉 乳腺癌

编外医生

黑龙江省 张艳坤 乳腺癌

1990 年我患了乳癌，经手术和化疗后，我的身体和精神彻底垮了。1.67 米的身高，体重只有 87 斤，老伴看在眼里，疼在心里，跑遍哈尔滨市所有医院都治不了我的病，无奈去北京求医。老伴儿天天顶着烈日挤公共汽车，搀着我去放疗，去学练郭林新气功。后来病情稳定了，回到了哈尔滨，发现肝上有转移病灶，被迫第二次进京治疗，采用西药化疗、中药扶正和苦练郭林新气功的三结合治疗方案。三个月后我的体重净增 60 斤，老伴儿却因工作、家庭等原因生病了。他长期放弃工作在外护理我，家中年迈的父母及岳父母，在此期间先后谢世，这些大事他都瞒着我，闷在一个人心中，最终急火攻心，患上了肠癌。

后来经过省肿瘤医院专家的治疗，老伴儿得到了缓解并且跟随我的脚步，开始亦步亦趋地练起了郭林新气功。半年多的时间，老伴儿的心宽了、体胖了，又能重操旧业为我做饭了，协助我继续从事传授郭林新气功和开展抗癌活动。肿瘤医院各科的医生，都主动把难以治疗的患者介绍给我，并亲切地称我为“编外医生”。

我们住的小屋成了全省癌症患者的联络站，心理治疗的大本营，患者说：“只要看见张老师，就能增强抗癌的勇气！她可真是名不虚传的‘编外医生’！”

郭林新气功伴我康复

我于 1994 年 7 月 49 岁时不幸患上右乳浸润性导管癌，右侧乳房内上象限扪及约 4x5cm 之包块，质硬，在持续硬膜外麻醉下行右侧乳房全切除术，术后作放疗、化疗、内分泌治疗、服中药五年。疾病使我不得不离开 32 年的教学岗位，辞去了中学领导职务，迈进了“生命不息，抗癌不止”的成千上万的抗癌大军队伍中。

四川省 卓雪珍 乳腺癌

在放疗时病友推荐练郭林新气功可以帮助康复，于是我购买到了《郭林新气功》，并拜读了《癌症康复者谈抗癌》《癌症病友康复新路》《郭林气功为什么能治病抗癌》等书籍。读后，犹如在黑暗中见到了光明，在生命无望的感知中寻求到了一条生存的希望之路。于是我开始在老师和《郭林气功》教学录像带的指导下认真习练郭林新气功。我善于读书学习，勤奋刻苦，怀揣信心和决心，无论是酷暑严冬都坚持练功。康复之路艰辛并快乐着。

现代医学的发达和无数抗癌成功者的实例证明了癌症≠死亡！我将矢志不渝，尽我所能，无欲无求，弘扬郭林精神，传承郭林新气功，与广大癌症患者一道共同走好“以健康的精神为统帅，以自我心理调节为先导，首选西医，结合中医，坚持习练郭林新气功，讲究饮食疗法，注重生活调理”具有中国特色的抗癌道路！

战胜癌魔 活出精彩

福建省 林秉钗 浸润性乳腺导管癌

1993 年 4 月，我被确诊为浸润性乳腺导管癌。面对突如其来的沉重打击，我选择积极治疗。以下是我的抗癌心得。

一、坚定信心、积极治疗

行之有效的康复方法是西医、中医、饮食、心理、体能等综合疗法。病友推荐我看《癌症康复者谈抗癌》和《郭林新气功》等书，这使我树立了战胜癌魔的信心！术后我除服用西药外，还通过中药调理，开始习练郭林新气功，体质逐渐恢复。

二、郭林新气功、终生习练

1993 年 12 月，我参加福州市癌症康复会举办的郭林新气功培训班。我认真习练，从不间断，食欲和睡眠明显改善，体质不断增强，信心和决心明显提高。26 年来，癌细胞不但没复发和转移，而且后诊断出的囊肿、良性肿瘤以及曾患有的萎缩性胃炎、多发性肝血管瘤也通过练功消除了。

三、团结病友、勇斗癌魔

1994 年 3 月成立了福建师大抗癌俱乐部，我任俱乐部常务副主任。在俱乐部中，大家交流抗癌经验和郭林新气功，并肩抗癌。我也被评为“世界华人百名抗癌明星”和“福建省首届抗癌明星”。

我和郭林新气功的故事

我于 2014 年 7 月确诊为左乳浸润性导管癌，淋巴见癌转移，术后进行八期化疗，25 次放疗，恢复较好。

2018 年我加入了福州市癌症康复协会，了解到习练郭林新气功可达到控癌、抗癌的效果。于是我在同年 12 月中旬报名参加了郭林新气功学习培训班，学习了预备功，收功，自然行功，特快功，中快功，升降开合功，一、二、三点步功，吐音功，手棍脚棍功；了解了百会穴、印堂穴、中丹田、下丹田、膻中穴、肾腧穴、涌泉穴、内劳宫穴等穴位；知道了气呼吸即鼻吸口呼，先吸后呼为泻，先呼后吸为补，风呼吸即鼻呼鼻吸，略带声息，两吸一呼，跟吸跟呼。在学功这几日和病友畅谈体会，相互鼓励，获得正能量。

福建省 黄春生 左乳浸润性导管癌

坐胯松腰，手摸脚跷，轻迈小步，一步一步，我们行走在自救的路上。每一步我们都为自己的健康而吸吸呼、吸吸转，每一次呼吸，都在证明我们还活着！积极抗癌，实现生命的奇迹！加油！

正确习练郭林新气功

北京市　巨小淑

乳腺多节性浸润性导管癌

2004 年我被确诊为乳腺多节性浸润性导管癌，并伴有乳头派杰氏病，可见淋巴管内癌栓、腋窝淋巴结癌转移。放化疗后开始吃中药。在我最痛苦无助的时候，经朋友介绍我接触到了郭林新气功。

最初我将信将疑，加上刚开始得病心理负担重，练功急于求成，身体感觉比较累，开始怀疑这个功的功效。后经与老师、病友交流探讨及学习相关书籍，我逐渐明白练功要做到动静相兼、放松入静、排除杂念、追求"圆软远"，同时要树立信心、决心和恒心。此后，我每天上午练五个功，下午或晚上再练两到三个功，就这样坚持了四年。病情稳定后减掉了一些功，目前仍坚持每日习练。15 年的坚持使我的身心得以痊愈。

康复的过程使我深刻体会到，西医与中医结合治疗，再加上习练郭林新气功，我们的身体很快就会痊愈。郭林新气功不但使我的癌症病情稳定，还治好了我下肢浮肿的病，改善了我多年失眠的症状。寒来暑往数年的坚持，使我身体越来越好，自己高兴，也为家人和朋友带来快乐。郭林新气功是我们癌症病人的救命功，它挽救了像我一样无数病人的生命，使我们的生命得以延续。

二十七年抗癌历程

1992 年 3 月 7 日，经海口市人民医院确诊，我患有乳腺癌淋巴转移，属于中晚期三阴型的髓样癌。1995 年锁骨、腋下淋巴转移。2006 年骨转移。现在已活过了 27 个年头。活着就是硬道理，活着就有康复的本钱，活着就能为癌症患者做点事。

我重生 27 年来有这么几点体会。①调整心态、坚定信心是癌症患者必需的主要因素。②坚强的毅力，持之以恒是战胜癌症所必备的。一年 365 天，我从没放弃过一天，坚持至今，不管刮风下雨，寒冬酷暑，转移病重时多练，一天练气功 6~7 小时，现在保持每天坚持练功 4 个小时。③勇敢和智慧是战胜癌症的锐利武器。勇于面对癌症，根据自身情况理性选择气功与医疗结合抗癌。④饮食均衡、生活有规律是战胜癌症所需的能量。

海南省 陈婵妩 乳腺癌淋巴转移

心灵的道场

吉林省 王淑华 乳腺癌

我热爱郭林新气功，并立志传承、弘扬这一人类的优秀文化。因为操练郭林新气功不仅让我战胜了癌症，重拾健康，更重要的是对我灵魂的撞击、洗涤，它是我心灵的道场。

静心：练功最重要的是练“心”，要做到心平气和，心静神安。回忆自己刚学功时，当势子稍熟一点儿时就杂念丛生，说到底还是没有看住“心”。

定心：坚定信心，下定决心，笃定恒心，一辈子不改功。有信心很重要，信心是相信自己的愿望和预料一定能够实现的心理。三伏不怕热，三九不畏寒，风雨无阻，雷打不动。意志坚强者，诸事可成。

安心：在与癌症长期、艰苦的抗争中，我对自己也不断的内视与反思。安心了，才能潜下心来学郭林新气功、学医学、学养生、学哲学、学心理学，学着跟自己，跟世界，甚至是跟癌细胞重新相处……

正心：要有正心、正念与正行。心术不正害人害己。正心，就是尊重原创，正本清源，朴实传承，造福健康，要上对得起祖宗，下对得起病友，把郭林新气功原汁原味地传承下去。

怡心：每天清晨，当我背起背包，心揣“预备功的预备功”，走向绿色的大氧吧，去迎接太阳，去亲近大自然。我们享受着阳光，享受着郭林新气功，无论是练功还是教功，让我们怡然自得。

十九年的抗癌路

2000年3月，我身体出现不适，被确诊为乳腺恶性肿瘤，那年我才31岁，后来发展为“活跃性骨髓瘤”。因白细胞太低不能再化疗，医生告诉我，实在没办法了，只能看你的造化了。

在极度无奈、无助的时候，我有幸遇到了郭林新气功，走上了早起晚睡、年复一年、日复一日的练功之路。神奇的是我身体一天比一天好起来了，不适的症状也逐渐消失，十几年来的胃病好了，病情得到了控制。就这样不知不觉地过去了四年，身体基本得到了恢复。

为了生活，2004年10月我又开始做生意，边练功边操持买卖，精力、体力都消耗过大，练养结合没做好，情绪严重受到影响，又住进了医院，进行了第二次手术。后来，我坚持练功和中药调理，元气得到了培补，身体体质得到了恢复，也为我以后抗癌积累了资本。是郭林新气功让我走出了阴霾，树立了信心，健康了身体，我现在什么都不再去在意，知足常乐。

上海市 张敏 乳腺癌

总结十九年来练功抗癌的经验和教训，值得我永远铭记和吸取。

第一，一定要树立信心、决心和恒心，循序渐进、持之以恒地坚持习练郭林新气功，踏踏实实地练习基本功法，把吸氧抗癌放在首位。

第二，必须坚持心疗、医疗、体疗、食疗等综合治疗，中药、气功相结合，不能单打一，不过度治疗，不乱用西药，小心翼翼地谨慎走好每一步。

第三，不断学习郭林新气功，正确认识郭林新气功功法，不断提高进修自已。

第四，走“互助自救、群体抗癌”之路。

总之，没有真正的康复，只有永远的郭林新气功！

生命的回声

湖南省 王属湘 乳腺癌

2003年9月，我的双乳有肿块伴小叶增生。2004年5月，我去湘雅医院进行了左乳根治术，同时右乳手术切除了一个4x2cm的良性肿块。为了生存我忍受着巨大的痛苦咬紧牙关坚持做完了8次化疗、25次放疗等系统化的全面治疗。接着两年后的住院复查，又发现两个大小不等的淋巴节。

跟朋友打听到。她的妹妹也是乳腺癌，在烈士公园练郭林新气功，恢复很好！当我听到这个消息好象找到了生命的绿洲。第二天清晨，我迫不及待地早早到了公园，学习郭林新气功。

刚开始学功时，尽管势子、动作，呼吸，意念之间的配合与协调有些难，但强烈的求生希望和粗浅的功法认知却让我津津有味地学练着。随着练功时间的推移，功法的熟练，心情更加平和，身体也在不知不觉中发生着根本性的变化，如每年肾病复发住院的次数在减少，右乳的肿快也逐渐地缩小了(由原来的22x18mm缩小到9x6mm了)。通过身体的这些微妙变化，让我看到了生命的曙光和未来的希望。

郭林新气功既能治未病和慢性病，也擅长治疗各种疑难杂症，抑瘤抗癌疗效显著。病人在不知不觉中得以康复，奇迹却在坚守中创造。是郭林新气功伴随着我走向康复，至今已康复16年，更是郭林新气功给了我生命的回声………

我的平淡而坚定的抗癌经历

2015 年 6 月，我不幸被查出乳腺癌中晚期，在一种茫然而惶恐的心态中接受癌症的治疗，对生命的前途完全没有指望。乳腺癌切除手术后，报告显示为浸润性导管癌、腋窝淋巴结查见转移癌（20/20），这种淋巴转移是极其罕见且恶劣的。术后化疗了 6 次，放疗了 25 次。放疗和化疗的副作用使我非常难受，白细胞等各项指标都非常低。

陕西省 周多雅 乳腺癌

幸运的是，2016 年 3 月我认识了我们西安癌症康复协会的老师，说是郭林新气功对癌症病人有帮助的。当时我就在那学习郭林新气功，并一直坚持下来。在这期间我按时复查，复查时候我的肝上发现了一个小囊肿和肺部出现了放射性炎症，但是我还是坚持每天练郭林新气功，这些问题不到几个月就没有了。现在我们在小雁塔每天都坚持练习郭林新气功，有十多个病友，互相鼓励、帮助、指正，使我们一步步走向健康。每次的复查结果正常也都使我们习惯而兴奋，这次有人肝上的囊肿没有了、有人肺上的问题也看不见了、有人变得红润了，等等，都在说明我们抗癌的道路是正确的。

这就是我平凡而坚定的抗癌经历，不花哨，唯有坚持，不管酷暑严寒，坚持练功！也祝愿我自己能顺利地再活过 5 年、10 年、20 年……

郭林新气功在我心里生了根

山东省 高新丽 乳腺癌

2006 年体检，发现我两侧乳腺各长了一个 2.0cm 左右的结节，钼靶进一步检查，需要手术，但只做了右侧乳腺手术，病理显示良性，左侧就没急着手术。直到 2009 年 2 月，我才去医院做了左侧乳腺局切术，病理报告显示浸润型导管癌中期。紧接着，我做了左侧乳腺根治术。

说起来也是祸不单行，在当地肿瘤医院做第一次化疗时，科主任看到我的脸很黑，就给我加上了红花针剂。刚刚输上液，我两眼一黑，就什么也不知道了……及时的抢救让我与死神擦肩而过，但从此，我又患上了严重的心肌缺血。

一个偶然的机会，我走进了淄博抗癌健身乐园郭林新气功培训班，老师的讲课让绝望中的我看到了希望！

说来不可思议，学功练功十几天后，我严重的心肌缺血竟然恢复了正常，迄今心脏无任何不适。一段时间后，我的脸色越来越好，右侧乳腺的结节、导管扩张、流黄水、CA153 指标高等，也随着练功恢复正常。

在老师的精心栽培下，如今，我也成为一名郭林新气功的传播者，跟随着老师，走遍了大半个中国，用自己的生命之火，为后来者点燃希望的灯！

练郭林新气功 要把松静放在第一位

1995 年 5 月结肠癌术后，我从病友处得知练郭林新气功是癌症病人手术后康复阶段最佳、最理想的选择。于是我 6 月即开始学练郭林新气功。为了与癌抗争，练功的劲很足。每天从练一个多小时逐步增加到四个多小时。然而，练完功后总腰酸腿疼，时间长了我开始怀疑是不是癌症转移了？但是检查结果却显示身体没什么问题。

这期间，我报名参加了培养气功老师的提高班。在老师给我查功时，发现我练功时腰板过于生硬。于是在之后练功时我会特别注意放松腰胯，果然没多久，腰不酸了，腿也不疼了。

通过这件事，我领悟到三条学习心得。一要坚定练好郭林新气功的信念。郭林功是低消耗、高吸氧运动，非常适合癌症病人习练，要坚持。二要懂功理、守功法，按功理功法的要求要领去练。三要在松静上下功夫。松静才是练功的核心。要记住练功朋友们常说的一句话：“练功别较劲，回家别找事，遇事别生气。”

石增军 结肠癌

天行健“军”当自强

——郭功助我过险关

我于2015年5月1日肠梗阻住院，发现结肠癌，2015年5月19日手术，分期T4aN0M0，化疗9次。2017年9月复查，复发并转移至腹部淋巴结，10月放疗25次以减小肿瘤，增加手术成功率。2018年1月5日第二次手术，姑息手术，接有永久造口，3月因为放疗造成肠道溃疡大出血，差点休克，因此错过化疗。目前病情稳定。

陕西省 结肠 李正军

回望4年多的抗癌经历，有过无知的痛苦，有过失望悲伤，有过喜悦，也有过刻苦练功抗癌的坚定！经历过这些，悟到两点：第一，癌疼确实没办法，这些都经历过了，还有什么疼苦不能忍呢，而且这还磨砺了我的意志；第二，相对于生死来说，其他都是小问题。所以我一切的心事、工作、尊严都看淡了，一切以康复为主。这些在我练习郭林气功过程中给予了我无限的动力和坚持！

刚开始练习郭林新气功时，动作不标准，功理功法也不是特别懂，也不知道效果，只是苦练。但是苦练一个月郭林新气功后，有一次走自然行功时，发现肠道溃疡的疼痛突然没有了，那种久违的恢复正常人的感觉让我非常感动，十分的享受，不曾想还能恢复到正常人没有疼苦的时刻。练习三个月后，再次去复查时，结果一切都正常，这时候才觉得稍稍松了口气，才觉得自己的命是自己的了，练习郭林新气功的劲头也更足。

就这样，不知不觉每天6~7个小时的练习郭林新气功已经一年半多，一切指标还算正常，苍白的气色变好了，还长胖了些，放疗引起的腹部及肠道炎症也好了。从结果看是好的，说明选郭林新气功这条路是没错的！尽管抗癌的道路是艰难的、曲折的，我相信我们找到了正确的方法就一定会成功的！也祝我自己活得久一点，活得好一点，续写精彩人生！

生命不息 运动不止 为奥运加油助威

我于 1988 年 1 月 29 日进行了右结肠癌手术开刀，手术非常成功（病理切片一级浸润深肌层，未扩散）。手术至今已有 31 年了，现在身体康复，生活自理，只是右脚踝骨痛，出门要用拐杖，其他老年病有关节炎，血管硬化、白内障等。

31 年来与癌魔斗争体会概括四句话：坚定不移的信念和决心、无所畏惧的勇气、坚韧不拔的毅力、乐观积极的心态。

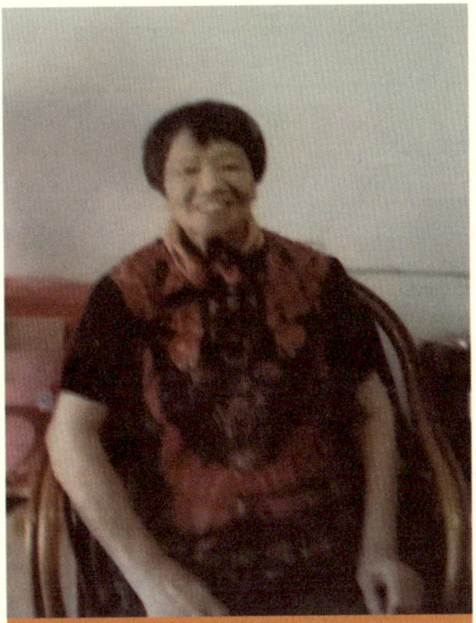
浙江省 夏勃迅 结肠癌

我单位有三位癌症患者，他们也进行了手术但没有习练气功，已去世了，而我坚持习练郭林新气功至今还健在。

我体会到患癌症后，治疗中首选西医，其次是中医，外加气功三结合。对我自身来说，气功辅助治疗尤为重要，特别是郭林新气功效果好，有针对性，吸吸呼大量吸氧，起到抗病治癌的作用。

在抗癌过程中要有奋斗目标，根据身体实际情况随时调整。

第一目标：一年内每个月拍一张照片留念，后来每年拍一张照片留念，到 1998 年拍了十张全家福照片留念。

第二目标：在 2002 年提出，要为 2008 年北京奥运会，加油助威。我已顺利完成了我的心愿。

第三目标：我要为 2022 年北京冬奥会助威呐喊。还要争取活到党的二十大召开，第十四个五年计划开始……

我会带动新病友坚持练郭林新气功，为病友们树立榜样。

我的希望

上海市 孙凯菁 肠癌

2012 年我被确诊为肠癌，病理分级为Ⅲ B。2013 年 3 月 15 日，连路都走不动的我，叫了辆出租车，直奔市工人文化宫报名，成为了上海市癌症康复俱乐部会员，并参加了第 87 期康复班学习。

在康复学习班的希望演讲会上，我许下的愿望是能看到 2015 年上海迪尼斯乐园的开园。虽然许了愿，但我心里是忐忑的。不过老师鼓励我说，“有目标就有希望，但目标要化作每时每刻的抗癌行动”。于是，我开始郭林新气功锻炼。最开始练自然行功时，我一只脚只能走 5 分钟。但坚持一段时间后，行走时间越来越长，没多久就可以完成 40 分钟的自然行功了。我每天习练郭林新气功四五个小时，脸色渐渐红润了，白细胞数也提高了，我越练越有信心。4 年后，我和家人一起畅游迪士尼乐园，实现了当年许下的愿望！

现在术后生存七年的我，定下了一个新的希望，我报名参加了俱乐部“我运动、我健康、相约 2022 北京冬奥会”主题活动，我要继续努力，在康复 10 年的那一刻，和“2022 冬奥会助威团”的癌友们一起，相会北京，为生命喝彩！

运动是良药

2000年，我被查出高血压、高血酯、高尿酸、高胆固醇，再加上心绞痛，为此先后两次住院治疗。此后我成了“药罐头”，完全失去了健康。化疗期间，我多方打听，得知上海市癌症康复俱乐部有办班教学郭林新气功，于是我迫不及待地去报了名。我把郭林新气功作为自己的救命稻草，全身心地投入到学功、练功中。

上海市 刘栋樑 直肠癌

刚开始因为人虚弱一天练不了多少，上午一个自然行功，下午一个点步功，总功时1小时。练功四个多月后例行检查时，发现肝左叶有一公分的强化灶，当时决定先观察不做治疗。之后每天郭林新气功锻炼，结合中药调理，半年后肝上的东西消失了。同时化疗后一直困扰着我的血小板低也正常了，高血压等各种药片逐步减量，一年后停服，各种慢性病也得到了痊愈。我深深地体会到“运动是良药”。只要坚持练郭林新气功，感觉会越来越好，身体的康复也就是顺理成章的事。

在康复5年的庆生仪式上，我戴上了志愿者的红徽章，从一名癌症康复者变成了癌症康复事业工作者。后来我担任了上海闵行区癌症康复俱乐部党支部书记，常常忙得不亦乐乎。是运动之良药，让我精力十分充沛，使我的生活充满了阳光。

习练郭林新气功的点滴认识

北京市 张仲秋 直肠癌

2008 年我患直肠癌，手术后看到患者习练郭林新气功与癌症斗争的报道深受感动，在心中树立起癌症是可以战胜的信心，从此便走上学练郭林新气功这条路，至今身体良好。

郭林新气功主要运用“风呼吸法”，即用大量吸氧来消灭癌细胞，用疏通经络来化淤解毒消除病灶。练功时要逐步实现行功功法中的“虚实、惯性、节奏”这个过程，达到最大限度地降低耗氧，最简单快捷地提高血液含氧量。要处理好意念、呼吸、势子三大导引之间的相互关系，遵循松静自然、上虚下实、火候适宜、意气合一的原则，努力实现“体柔气合、圆软通透”。

根据中医经络学“气为血之帅、血为气之母”“气行血行、气滞血淤”的医学基础知识，明确郭林新气功脚跷、手摸、吸吸呼三者是以呼吸为主导；正确运用经络气血运行方向，把握循经放松练功的功法，促进经络血液通畅；牢记“声力同源出于丹田”和“两松”（腰胯）“三带”（腰带肢体、大臂带小臂、大腿带小腿）的基本动作要领，由“紧”往“松”里练习，确保功法规范、功效有力。

我的抗癌胜利之路

1978 年 2 月 18 日，我被确诊患粘液性乳头状卵巢腺癌，当时我刚参加高考且有幸分数达标，这个消息犹如晴天霹雳，我上不了大学了……

因身体状况极差，我无法正常进行化疗治疗，遂回家休养。偶然间在电视上看到报道，说一群癌症病人在地坛公园练郭林新气功，效果挺好，有个肝癌病人都活了三年了。当时我就动了心，去地坛公园学气功了。

北京市 张元利 卵巢癌

第一天，学习松静站立，时间长点我就受不了了，但是我还是坚持练习。一段时间后，没想到我患有的严重的厌食症竟开始好转，胃口越来越好。失眠症也离我远去。每天练功六七个小时后，我睡得特别香，特别解乏。此外，困扰我多年的顽疾——鼻窦炎也渐渐治愈了，结束了我用嘴呼吸的历史。这让我对活下去充满了信心！

此后我因各种原因中断过练习新气功，于是慢性胃炎、心脏病、皮肤病、腰椎间盘突出、椎管狭窄、腰肌劳损等各种疾病相继找上门来。虽也找专家进行了诊治，但效果都不好。直到恢复习练郭林新气功，这些疾病竟然都慢慢痊愈，再无复发！

郭林新气功给我带来的疗效太多了，既让我抗癌成功，又意外治好了我诸多顽疾。今后我还要一如既往，沿着这条康复之路走下去，迎接我癌龄 50 年、60 年、70 年的到来！

郭林气功帮我走上康复路

江苏省无锡市 朱光华 卵巢癌

2011 年 8 月我因下腹坠胀入院检查，被确诊为卵巢癌晚期，并已扩散。8 月 12 日做了全子宫、双附件、大网膜、阑尾以及盆腹腔肿瘤种植灶切除术。病理为右卵巢浆液性低分化腺癌，三级 C 期。之后的一年内共计做了 8 次化疗。当时身体极度虚弱，饮食和大小便都不正常，一两粥或一两烂面都要分 3 次才能吃完。不管白天黑夜，不停小便，大便好几天一次。当时自己内心有种生不如死的感觉。虽然医生护士都夸我重病面前表现淡定，其实我心里早已做好了慢慢等死的准备，让老伴把墓地都买好了。

2012 年 11 月，在病友的推荐下，我开始接触郭林新气功。起初是抱着半信半疑的态度来学习，心想就这么一甩一甩还能把癌症给甩掉吗？练了一段时间后，我的饮食、排便和睡眠都得到了改善。从此我看到了希望，练功更自觉也更认真了。在之后的几次复查中，我的各项指标均恢复了正常。于是，我深信郭林新气功确实能治癌、确实能救命。无论天寒地冻，还是赤日炎炎，或是大雨倾盆，我每天都坚持练功，可以说一年 365 天从不间断。

功夫不负有心人，在郭林新气功的陪伴下，我走过了 8 年的抗癌历程，现已康复如初。我现在已经 70 多岁了，可还有信心向 80 迈进，向 90 奔跑，向 100 冲刺！

不怕不怕不怕啦

——郭林新气功带我走出阴霾

2010 年我被确诊为卵巢癌 3 期 C， 8 月入院手术，术后行 8 次化疗，3 次 CIK 细胞免疫治疗。9 月，我开始接触并学习郭林新气功。

起初，我并不知道郭林新气功是什么，但是动静结合的站桩与行走，挺适合终日卧床打针的我，让我逐渐忘记了对病情的猜疑。之后我没怎么关心过自己的病情，操心最多的倒是如何纠正自己走偏的功法。2011 年出院之后，在家人的支持下，我心无旁骛地踏上了遍访郭林新气功名师的求学之路。

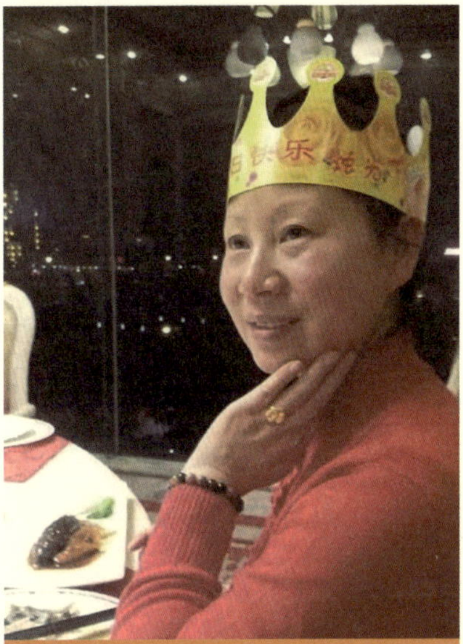

河南省 刘雪莲 卵巢癌

九年来，无论酷暑严寒，我始终没有终止一天修炼。在练功过程中，我彻底扭转了悲观的思想，努力摆脱杂念，追求松静状态，注重调节呼吸，强化呼吸力度。此外，还结合中医进行治疗。不但癌症获得了治愈，双手末端的血管也得到了修复。

如今，我的呼吸更加有力，我的心也不再害怕，就像《不怕不怕》歌中唱到的那样：“转身以后，我会练成护体神功……胆怯只会让自己更憔悴，麻痹也是勇敢表现。一个人睡也不怕不怕啦，勇气当棉被，不怕不怕不怕啦。夜晚再黑我就当看不见，太阳一定就快出现……”

愿这欢快的歌声能驱散功友们心头的阴霾，愿郭林新气功能给更多的人带来健康。

抗癌八年之路

浙江省 潘爱珍 卵巢癌

2011 年 5 月 10 日，我检查时发现卵巢有一包块，并在 5 月 16 日手术切除子宫、卵巢，实施双侧骨盆漏斗韧带高位结扎，切除大网膜，清扫盆腔淋巴，切除阑尾并实施黏连分解术等。病理报告为卵巢移行低分化细胞癌。术后行 6 次化疗，采取芒硝加冰片和吃中药的方式，消了一半的腹水，靠锻炼消除了另外一半的腹水。

2012 年，我加入了宁波癌症康复协会，并参加了当年举办的郭林新气功培训班。但后来没有坚持。2016 年 4 月复发，并转移到左肺下叶。2016 年 5 月，我经历了第二次手术，但并不成功，又行 6 次化疗。经过反复考虑，我决定重新拿起郭林新气功的武器战斗。

2016 年 11 月，我开始系统地学习郭林新气功的功理和功法，暂时抛弃一切与练功无关的事情，专心练功。经过一年左右的练功，我复查时显示癌胚抗原全部恢复正常，肺部肿瘤消失。郭林新气功给了我第二次生命！

经历了癌症，我认识到心态很重要。癌症并不等于死亡，要勇敢地面对。只要我们用顽强的毅力和积极的心态去战斗，就一定能战胜它！

有郭林新气功相伴 带癌生存不是梦

2005 年 12 月 27 日，我被确诊为卵巢浆液性腺癌，进行了卵巢癌根治手术，因肿物粘连的厉害，失血过多，术中两次下病危通知。

术后进行了 6 次化疗，用药为紫杉醇和卡泊。因白细胞、中粒细胞太低，未能完成原定的 6 个疗程的化疗，医生让回家养病。

有病友告诉我，北京抗癌乐园能帮助抗癌，于是我来到了团结湖分园。在老师的教授下，开始学练郭林新气功。每天早上迎着初升的太阳在公园“吸吸呼”，求生的渴望让我丝毫不敢放松自己。

北京市 王改风 卵巢浆液性腺癌

2008 年，我咳血不止，经 CT 等检查后，被确诊为继发性肺癌，双肺多发小结节病灶。考虑到化疗药对肝肾及心脏的伤害，决定暂缓化疗，每天中西医结合治疗。出院后我把郭林新气功的特快功每天加练一个，并吃郁仁存的中药及中成药“康宁颗粒”，另外还采用了中药白花蛇舌草雾化疗法，每天两次共 40 分钟进行雾化治疗。2009 年 3 月 CT 复查，肺上多发转移灶变成了微薄小片。至今病情稳定，病灶无变化，我自己也无不适反应。

患病 14 年来，我热爱生活，自强不息，积极参与抗癌乐园的各项活动，参与了 2010 年《癌症患者康复实录》一书的校对工作。作为特邀嘉宾参加了北京电视台的“欢天戏地”节目的录制，并被评为先进义工。2019 年 1 月受邀参加央视《夕阳红》“ 健康中国 · 生命奇迹”节目访谈。

14 年的抗癌经历，给我的感受很多，其实癌症没啥了不起，只要中西医合理治疗，注意饮食，适度锻炼，心情愉快，带瘤生存不是梦。

癌症俱乐部教我操练郭林新气功抗癌健身

上海市 徐来康 甲状腺癌

在一次体检中，我被查出患有甲状腺肿瘤，虽然经过手术摘除了肿瘤，但因担心癌细胞转移，内心还是十分恐惧。

一个偶然的机会，我有幸参加了抗癌健身的知识讲座。上海癌症康复俱乐部会长袁正平以自身抗癌经历激发大家的求生热情，我也因此树立了战胜癌症的信心。加入癌症俱乐部后，我接触到了癌症患者的运动疗法——郭林新气功。

于是我成为了第37期郭林新气功培训班学员。经过三个多月的学习，我已经基本掌握了要领并可单独操练。开始练习时，我腿软心慌，气喘吁吁。但经过一段时间的操练，我的双腿一天比一天有劲，全身都觉得很有力量。

经过半年时间的操练，我感到身体越来越健康。如今我每天仍坚持到黄兴公园习练两至三小时，身体的各项指标都在健康标准内，我心里高兴万分。

郭林新气功为什么经久不衰

1993年6月，我被确诊患“甲状腺未分化癌”晚期癌症。此癌是高危癌种，加上术后肺部严重感染，医生断定我“活不到两个月”。然而至今，我已康复整整26个年头了，这全都得益于习练郭林新气功。

术后我未行放化治疗，两个多月后癌病灶复发并淋巴转移。一位朋友向我推荐了“郭林新气功”，我立即购买了《郭林新气功》一书，连夜阅读学习起来。

为了提高学功效率和练功效果，我四处求教，在老师的潜心指导和鼓励下，我每天清晨四点起床练功，早餐后和病友开展“话疗”、“笑疗”，下午、晚上继续练功。不论春夏秋冬，我每天练功6小时以上。期间，除了每天定量服优甲乐和习练郭林新气功，我还采用大剂量、高浓度的中草药汤剂冲击疗法。20多年来，我坚守一条：练功健身，增强免疫。日复一日，年复一年，终于屡屡化险为夷，赢得了今天的平安与幸福！

湖南省 邱瑾 甲状腺未分化癌

1999年，我加入湖南省抗癌协会癌症患者康复俱乐部管理委员会，主管郭林新气功教学并兼任教功老师。还主编了内部刊物《康复乐园》，免费发给病友。此外，我还撰写了《郭林生平及其新气功介绍》《郭林新气功为什么能抗癌治病》《郭林新气功的医疗作用及其原理》等共计4万余字的学习心得体会，并编导、组织录制了《郭林新气功教学光盘》，有力地推动了湖南郭林新气功的传播和推广。

我认为，郭林新气功传播经久不衰的原因，主要是因为它科学合理可信度高、简单易学操作性强、疗效显著震撼人心、适应症广有百利而无一害。此外，国家有关部门的允准和社会潮流的开放与包容也是重要原因。

衷心期望朋友们有缘得益于郭林新气功的恩赐，早日拥有健康快乐的人生！

练功重生四十年 教功康复逾四千

四川省 黄爱华 甲状腺滤泡性腺癌

1979 年我被确诊患甲状腺滤泡性腺癌，那时候经济条件和医疗条件都差，了解到郭林新气功对癌症有疗效，于是老伴也给我买了书，我就此和郭林新气功结下了不解之缘。

1982 年郭林老师来成都讲学，我参与了接送并跟随老师到各个练功地学功，还得到了特别指导纠功。经考核后指定我当成都辅导员，开启了我练功教功的生活。每天骑自行车跑公园，练功效果很好，教的学员康复情况也很明显，于是我越来越有信心。我长期坚持教功，在成都建立了郭林新气功根据地，教功一直不收钱，40 年来教了 4000 多位癌症和各种慢性病患者，大多数患者练功后情况都有好转，并养成了以锻炼促康复的好习惯。

练功是我一生的事业和习惯，现在除了教功我还在坚持练调整功法、中级功和头按功，别人都夸我 86 岁像 68 岁，我听到就笑。笑一笑十年少，活到一百发红包。

练功——辛苦、健康并快乐着

开始并不是由自己决定学功，但甲状腺癌双肺弥漫性转移和颈部肿瘤，使我迫不得已开始练功。

初练功时，很苦很累，要经受不掌握要领的腰酸背痛、呼吸过重的头晕眼花、意念紧张的神情疲惫的痛苦。不仅要掌握“脚跷手摸吸吸呼”的动作要领，还要把“圆软远”作为永远的老师。调神、调息、调形，用独特的风呼吸导引，让行功成为一首抒情的诗，把“升降开合”绘成一幅优美的图画。“导体令柔，引气令和”，在刚柔并济中，轻轻地拨动心弦。

当练到一定程度时，我们对疾病就没有了畏惧。每一个行功，每一组吐音，都诠释着对生命的热爱、对健康的渴望。我们可以随时随地开始练功，用信心、时间和毅力去坚持。29 年来我反复与癌魔抗争，坚持不懈练功已有 17 年，在死神的频频招手中，我用中药加气功的双拳组合终于笑着挺过难关。

如果你拥有信心、决心和恒心，相信练功能让自己重拾健康，那就把练功坚持下去吧！你会发现，日复一日的积累终有收获！

郑卫华 甲状腺癌 双肺弥漫性转移

向死而生，反求诸己

陕西省 吕维明 宫颈癌

我是宫颈癌 2 期 B 患者，术后高密度接受 6 次化疗和 25 次放疗，总之，每个癌症患者所能体验到的身体和心理上的痛苦和打击我都一一体验过，在这里我不愿多赘述，只是想把开心、有价值、能给大家带来正能量的东西拿出来共享，而那些已发生的痛苦经历就让它随风而逝。

因为一直对中国传统文化有浓厚的兴趣，所以当有人介绍郭林新气功，我对此深信不疑，自此一脚踏进郭林新气功中再也没出来。在这期间解救了自己帮助了他人，成为郭林新气功忠实的传播者。

我先是买来一本书结合网上视频自学，因为很多要领不能记住，又不能边摆手边拿书看，就把功法要领用大字写在挂历的背面，贴在操场两头，这样来回走都能看到。可是因为没有老师当面传授，所有功法全用的强度风呼吸法，这样练了几个月后去了北京抗癌乐园学习，后又在 2010 年到 2016 年分别参加了在西安办的 5 次学习班。使我在功理功法上有了深刻全面的认识。

十年的抗癌生涯中，郭林新气功是我最忠实的伴侣，气功已经像每日要摄取的食物必不可少。有几次发烧躺在床上，我把“吸吸呼”注射到每一滴液体里输入身体，梦中抖着脚趾都做点步功。郭林新气功滋润营养着世界各地的癌症患者，使生命得以维持延续。

抗癌纠偏十二年风雨历程

2007年10月我被确诊为子宫颈癌，行子宫全切手术，术后放、化疗治疗。2008年8月，经病友介绍，认识了郭林新气功，并开始习练。想着有了一个可以防止癌症复发转移的方法，此后不论刮风下雨，逢年过节，从不间断练功。同时为使自己在功法、功理上得到提高，于2010年开始相继参加郭林新气功初级功班、精进班、中级功班，还学习了新气功五禽戏的熊戏。经过系统规范的学习，我在功理功法上都有了质的飞跃，懂得了辨证施功。经过初期三年多的苦练，身体明显地好转。每次复检，各项指标都在正常范围内。

广西自治区 张煜苓 宫颈癌

2012年8月的一天，由于疏忽在练"升降开合"时因手机来电受惊出偏了，致使头痛欲裂。出偏后，几位前辈老师给出了一些纠正方案，如用意念把气往下引、练特快、醉松功、吐高平哈音等。我用这些方法练了一年多，出偏症状虽有好转，但依然不能完全解决。2014年初，我开始自学中医经络知识，从中得到启发，悟出了一些道理，我是练升降开合升到印堂时受惊，气堵在头上下不来了。于是，根据自己出偏的具体情况结合疏通经络的理念，我给自己制定了纠偏方案：一是用十指干梳头；二是捋按三焦经。三个月左右，出偏的所有症状完全消失。其后几年，我运用此法结合郭林新气功功法义务帮助不少功友成功纠偏。在此过程中，逐渐形成了一套非常安全、相对成熟完整且简单易操作的纠偏方法，我将其称之为疏通经络纠偏法。

纠偏的成功让我和我帮助过的癌症病友们重返练功康复之路，重见生命的健康和生活的希望！我心中无比愉悦。

我陪爱人抗癌魔

河北省 李根花王翠青夫妇

宫颈鳞癌

2014 年我爱人被确诊患宫颈鳞癌（Ⅲ—Ⅳ）晚期，肿瘤 5.28×5.19cm，直肠浸润，不能手术，只能保守治疗。这一年爱人才 45 岁啊！我不忍就这样看她离去，到处寻找治疗方法。

一个偶然的机会，我在网上看到郭林新气功抗癌成功的评论，于是立刻下载了全套教功视频，在医院边治疗边学习郭林新气功。50 多天我们自学了预备功、自然行功、手棍功、点步功、中快功。每天练松静站立、自然行功，时刻“吸吸呼”，化放疗也取得了不错的效果。

2014 年 3 月，治疗完成后出院，开始走以郭林新气功为主的康复之路。2015 年 6 月，我们有幸参加了系统学习班，学习了全套郭林新气功。2017 年 12 月，我爱人飞往巴马，参加了提高班，取得了更大的进步。至今，爱人从不间断每天坚持练习郭林新气功，期间一片药都没吃过，每天都乐呵呵的。2016 年爱人曾便血，但在增加功时、调整饮食后，平安度过了便血期，到现在也没复发过。

抗癌六年，我们也积累了一些经验。首先，要有乐观的心态，积极治疗；其次，正确习练郭林新气功，辨证施功，放松入静；再次，合理营养，科学搭配；最后，坚持练功，及时查功。

感谢抗癌路上遇到这么多的良师益友！抗癌是一项长期的战斗，坚持就是胜利！

抗癌健身疗法让我带瘤生存已十年

我于 2009 年 4 月 5 日、15 日先后两次尿血，经三家医院检查发现膀胱占位，侧壁明显增厚约 32×23mm，病理报告为弥漫大 B 细胞淋巴瘤。双颌下、双颈部、双腋下、双腹股沟多发淋巴结，右肺结节，确诊为全身多发非霍奇金氏淋巴瘤。

医生计划化疗 6 次，由于我身体多病（双肾结石、丙肝、双腿静脉曲张、青光眼、心脏房颤、期前收缩等），只做了两次。每天腹泻 15~20 次，恶心头晕，饮食不振，全身无力，体重由 106 斤减到 86 斤，极度消沉，难以自拔。于是开始寻求中医和其他方法治疗。

北京市 魏丽华 非霍奇金氏淋巴瘤

九月的时候我能走路了，女儿陪我到玉渊潭公园散步，看到了八一湖抗癌乐园的癌症患者正在学习郭林新气功，使我受到很大鼓舞，于是报名参加了八一湖的郭林新气功学习班。

从此我坚持天天习练郭林新气功，每天早晨走进公园，将自己和充满希望之绿的大自然融为一体，面带微笑，心安神静，势子导引，呼吸导引等，勤学苦练，从不间断。日久天长，身体强健、食欲增加、睡眠改善、正常排毒，体重由 86 斤增回到 106 斤，病情也随之逐渐稳定。

至今我已带瘤生存十年，病情较稳定，我是郭林新气功实实在在的受益者。感恩感谢我的朋友和家里的亲人们。

郭林新气功为我保驾护航

18 年前我患上了非霍奇金淋巴瘤，经过规范的西医治疗后又跟老师系统地学习了郭林新气功。18 年来，我风雨无阻，冬练三九，夏练三伏。尤其是第一个 5 年，我全力以赴地投入练功，上午在公园 4 个小时，练自然行功、升降开合、吐音、特快，加一小时点步功，下午再练 30 分钟自然行功和特快。晚上再练脚棍功。第二个 5 年，把下午的功减掉，后来逐步减功，现在早上练一套自然行功后上班，休息日练习自然行功、吐音和一小时点步功。

江苏省无锡市

朱建军 非霍奇金淋巴瘤

通过习练郭林新气功，我的身体逐步恢复。生病前体重为 61.5kg，目前体重是 73.5kg。刚出院时，白细胞只有 2800，体力很差，到公园首先要坐 3~5 分钟才能开始练功。练功以后，指标慢慢恢复正常，体力也逐渐恢复到可以正常上班。

回想自己 18 年来的经验和体会，我总结如下。

（1）要有占胜疾病的信心。要相信郭林气功能抗癌，才能下决心学习郭林气功，关键是恒心，练功很辛苦，但功到才能自然成，先苦后甜。

（2）生病前 3 到 5 年很重要，在体力允可的情况下，要尽可能多练功。过了 5 年后，不能认为治愈了，就不练功了。5 年治愈率只是西医临床的指标，我身边有许多病友 5 年后不练功导致复发转移的教训。

（3）适当的中药调理是对郭林新气功的重要补充。

（4）练功生活化，将练功作为生活的重要组成部分，一日不练十日空，没有特殊情况每天都要练功。生活气功化，在日常生活中，要调理好心态不要生气，避免七情干扰。

（5）郭林新气功易学难精，要把功理功法掌握好，才能事半功倍，所以要经常请老师查功纠功。

（6）恢复期间一定要注意饮食的营养性与食材的丰富多样性。

爱拼敢斗才会赢

19年前的冬天，我出现高烧加持续口腔出血。一查血象，白细胞91700，其中幼稚细胞96%，血色素6克，血小板2000，我被确诊为死亡率极高的急性髓性白血病。紧接着，一边是井然有序的治疗，一边是接二连三的病危通知。全身冰块儿降温，尽快血小板输注，经过积极的抢救治疗，28天后，出血渐渐停止，体温恢复正常，病情得到缓解。

急性白血病的治疗主要是化疗。虽遵医嘱正规化疗用药，但接下来每年春季复发，头疼、头昏、恶心、呕吐，颅内转移（脑膜白血病）并引发全身复发。连续三年反复出现复发—转移—病危—抢救—缓解，经百次化疗，16次放疗，花去人民币百余万元。三起三落生与死的较量，受尽一个健康人无法想象的痛苦与磨难。

浙江省 范志能 急性白血病

漫长的康复过程中，我从心理调节入手，同时调节饮食，营养跟上，辅以自采集、自加工、自炮制、自组方、自煎喝，坚持中草药治疗；并坚持有效的运动。我从第二次复发转移至今，坚持每天1~2次操练郭林新气功，每次40~60分钟。兼以种花养草、书法绘画为辅。16年来白血病不再复发。

然而祸不单行，2010年初，我口腔溃疡经久不愈，经查又患上舌根癌。口腔外科手术五小时，鼻饲饮食营养两个月，出院后，加强了郭林新气功的锻炼。两次患癌康复，使我摸索出一条科学的、行之有效的、合乎自身的综合康复措施——那就是树立信心、综合治疗、坚持郭林新气功的锻炼。

2010年4月，我的《信心加运动是抗癌良方》文章被刊登在《中国群体抗癌与癌症康复研讨交流大会文集》。荣幸地参加“群体抗癌暨世界华人百名抗癌明星表彰大会”，受到领导的亲切接见，并在政协礼堂合影留念。时光留不住，青春早无踪。愿天下癌友科学抗癌、有效康复，保重身体，珍爱生命。相信爱拼敢斗终会取得成功！

一名白血病患者的康复之路

1990 年我因高热住院，连续数天体温一直在到四十多度徘徊，整天昏昏沉沉，烧得一塌糊涂！家人们为我急得团团转，不知如何是好。经过医生们对病情的分析，诊断为恶性细胞组合（白血病）。

江苏省无锡市 陈美娟 白血病

确诊后，我持续高热一个多月，天天用激素退烧，但一直下不来，最后被迫做了一次化疗。化疗后身体很难受，呕、无食欲，当时白细胞只有 200，在医院的每一天都生不如死。我自己决定出院，在医生也束手无策的情况下我出院了。出院后一点时间，我的病情根本没一点好转。后来一个老朋友出于恻隐之心建议：“要不你去学学郭林新气功吧”。郭林新气功的教功点离我家只有一百多米路程，但当时这一段路我要走好久，走得很累！开始练功后，我督促自己每天练功，渐渐地感觉脚下有力了，脸色红润了，体力慢慢恢复上来了，口服强的松的剂量也在慢慢减少。听说癌症必须靠提高自身免疫力获得康复，就这样，我通过练郭林新气功，身体一天天变得强壮。练功三个月后，一切血相指标都恢复正常了，我变成了一个健康的人了！

现在，30 多年过去了，我依然身康体健、家庭幸福、生活美满，再次衷心地感谢郭林新气功。

郭林气功助我走向康复之路

我 2008 年 6 月份罹患急性非淋巴系统白血病，那时年仅 37 岁。经过 4 次大化疗后于 12 月做了自体移植；可 2009 年 9 月份我又复发了，接着化疗了 17 次，历时 5 年，直到最后一次化疗出现肠道出血而被迫停止化疗。

2013 年 7 月也就是化疗停止后 4 个月，我开始习练郭林新气功。还记得当初第一次去学功时我是浑身没劲，走着走着就坐在草地上看着其他功友习练，那一天勉强跟着老师学完自然行功，回家后在小区习练了一周，第二周再去学功时体力就明显上升，可以全程跟着老师学完功目了。自那以后我就明白习练郭林新气功真的是一个明智的选择，对身体很有帮助，所以我每天坚持不懈的练习，练着练着睡眠变好了，食欲增加了，感冒的次数明显变少，体力也越来越好！

江苏省无锡市 高军群 白血病

如今的我康复已 11 年，我明白是化疗控制了我的病情，使我的病情得以缓解。习练郭林新气功则是提高了我的免疫力，防止病情复发，使我得以长期生存。今后，我会以我的老师们为榜样，坚持练功，冬练三九，夏练三伏，几十年如一日！同时也会大力宣传郭林新气功，帮助更多的病友！

放弃骨髓移植 生命照现彩虹

浙江省 吴娅丽 白血病

我是一位受益于郭林新气功 15 年的慢粒白血病康复者。2004 年 1 月得带状疱疹，4 月爱心献血却没被采纳。临近过年我被确诊为粒细胞白血病！噩耗令全家沉浸在悲痛无助之中。

去上海找专家会诊，一致认为最好进行骨髓移植。然而直系亲属配对失败，骨髓库排队遥遥无期，再加上昂贵的费用，我选择了放弃移植。在绝望无助的关头，我遇到了郭林新气功。十多年来我坚持每天练“吸吸呼”，身体竟慢慢康复了！其他身体问题经过辨证练功也得到了解决，比如 2013 年查出的甲状腺肿瘤（2.5cm × 1.5cm）现已基本消失！

尝到练功康复的甜头后，我立志要将福音传递下去！我多次外出学习辨证施治并拜访多位受益于郭林新气功的亲传弟子。在学习辨证施治的同时也重视中医知识的学习，帮助肾淀粉样变糖尿病患者、T 细胞性非霍奇金淋巴淋瘤晚期患者、结肠癌转肝晚期患者、小细胞肺癌晚期患者等众多患者重获新生。此外，习练郭林新气功成功撤掉靶向药、白细胞升回正常水平的例子比比皆是。成功案例千千万，为的是告诉正在与病魔抗争的战友们，别怕！咱有郭林新气功这强有力的武器呢！

乐观但不盲目 坚定但不偏执

2016 年 12 月 27 日，我被确诊扁桃体鳞癌，进行了口腔切除病灶、小腿取带蒂皮瓣填补口腔、腹部取皮补小腿、颈部淋巴清扫四处手术。2017 年 4 月放、化疗结束，这期间口腔大面积溃疡，唾液腺、味觉集体罢工。

在治疗间隙，我上网搜索康复者的事例、书籍，积极寻找康复人数最多的集体，就这样我加入了郭林新气功培训班。在学习第七天午休时，我意外收获了二十几年遗落的深睡眠，顿时对郭林新气功信心爆棚。

四川省 苏琍文 扁桃体鳞癌

癌症是身心疾病，当打开恐癌心结，再加上正确合理的方式来辅助治疗，自己的身心自然会发生质的改变。我每天早上三点半到四点间起床，坚持习练郭林新气功。除了秋冬换季的三个月中药，我没有服过任何的药物。五个月后，气管炎、牙疼、关节疼、慢性腹泻、慢性咽炎、低血压、肝囊肿、肾错构瘤等种种折磨我数年的疾病都不可思议地离我而去。

我知道，三年的时间与癌告别为时尚早，却渐渐领悟“感谢生命中遇上癌”，因为癌，我更加珍惜生命和生活中的点滴爱。感恩这三年所有温暖的遇见，愿我以后的康复之路更宽阔平坦，一路风景更宜人。

顽强拼搏 战胜癌症!

湖南省 钟先德 扁桃体未分化癌

1992 年 10 月，正我当年富力强，事业处在巅峰时，得了癌症，人生突然跌落到谷底。经过手术，化、放疗，我的身体受到极大损伤，出现造血功能受到抑制、白细胞低下、口腔发炎红肿、体重快速下降、身体极度虚弱，以及持续低烧等现象，被医生告知只能活一年。

我在生命处于危重紧要关头，有幸找到了郭林新气功。在住院治疗期间，请长沙的老师来医院专门为我教功，我只学练一周，就有明显疗效。1993 年 4 月，我来到北京红十字新华医院住院治疗，向老师系统学习郭林新气功，每天练功都在 7 小时以上。在发现骨转移的情况下，我没有接受专家给我制定的化疗方案，仍然坚持用服中药，练气功来抗癌治病。经过 5 年刻苦练功，走向康复。

树立“三心"是练好郭林新气功的重要前提。首先是树立信心。我的信心是来源于初练郭林新气功的疗效和老师们的榜样作用。 其次是要有决心和毅力。我在深知自己所患扁桃体未分化癌，是一种复发转移率极高的癌症，我下定决心，不管病情怎样变化，不管冬寒夏热环境多么恶劣，我都风雨无阻。再次，要持之以恒心。长期抗癌，终身抗癌成为我生活的一种理念。

郭林新气功使我绝处逢生

1990年9月我被确诊为胃小弯低分化腺癌。术后首次化疗就发生肝严重损伤，转氨酶高达500，低烧不退，吻合口多发结节，严重充血、糜烂，进食困难，体重下降20多斤。被迫放弃化疗，此时的我无路可走了。

当时孩子才13岁，非常可爱，我太舍不得离开他了，他不能没有亲娘！我心中只有一个念头，无论如何不能家破人亡！无奈之下，1991年4月进京求学郭林新气功。我因进食、消化的困难，所以练功坚持时间很短，练得少休息得多。可是没有想到练功仅两月，效果就体现出来，我由能多喝几口米汤到一碗粥，胃疼减轻，且练功能坚持一个小时。半年后，我能坚持炼功三个小时。两年后能正常练功。

郭林新气功救了我的命，保全了我的家，如今我的孩子已成家立业，对我非常孝顺，我生活得太幸福了！我从心里愿意像老师们那样，致力新气功的传承。使我们在以后的传承路上不会迷茫、不会懈怠、不畏艰难、坚守前行！

广东省 罗淑云 胃癌

回眸我的十年路

江苏省 康瑾 胃肠道间质瘤

2009 年 11 月，我得了胃肠道间质瘤，属于比较少见的恶性肉瘤，且手术后就发现肝脏多发转移。这个病放化疗没有用，只能服用靶向药格列卫。一个多月后我开始学习郭林新气功，因为听说练功有许多康复的，即使不能康复，死亡时也很少痛苦。我就这样走上了学功练功之路。

2012 年我参加了无锡的郭林新气功培训班，纠正了错误的功法，并且新学了吐音功。之后检查发现，服药半年已停止缩小的病灶又缩小了！这时候已经服药 2 年多了，我深深知道这是练功的神奇作用！自此初始的练功想法早已改变，每天最重要的任务就是早起认真刻苦练功。4 年后我开始减量服药，6 年多停止服用靶向药，到现在停药 3 年多了。整整过去了 10 年，病灶已完全消失！而且我还一直上着班，多么幸运啊！

在参加了无锡 3 期的抗癌功法提高班后，我又参加了原研究会的辨证施治班、中级功班等，乐此不疲地学习、交流，不断提升功法水平。近几年我也在南京义务教功，我常把我当年开始练功的想法当笑话讲给新人们听。没有郭林新气功我的现在无法想象，有了郭林新气功，我的未来有无限的想象！

张吉根老师郭林新气功抗癌康复纪实

我1989年8月确诊膀胱癌，9月手术，术后一周化疗，两周中医中药治疗，三月后身体耐受不了化疗药改卡介苗。又因治疗事故造成生活不能理。1990年3月，B超示，发现复发病灶7x1x2cm。在最艰难的时候，我好心的朋友给我介绍了郭林新气功疗法，并给我买来了《郭林新气功》。在这些促使和帮助下，我于1990年4月15日参加学习班。接受了老师的言传身教，明白了功理，学会了功法，使我树立了练功治病、战胜癌魔的信心、决心和恒心。学习期间，短短二十天的时间，就自觉饮食、睡眠、精神都有很大的改善，体力和免疫力有一定的恢复。结业后，回到济南，按老师开的练功处方练功，风雨无阻，坚持练功。三个月后复查，血象及其他各项指标基本都在正常范围，复查病灶得到控制，稍有缩小，尝到甜头，练功更加刻苦认真了。练功六个月时，又复查一次，病灶全部消失，就这样我练郭林新气功至今，始终自我感觉良好，身体键康，精力充沛，能吃能睡。自练功至今除配合药物治疗外，再没住过医院。自1991年3月13日开始上全班，从没缺过勤。全勤上班到正式退休，这就是我的新气功抗癌康复纪实。

山东省 张吉根 膀胱癌

风雨后 见彩虹

天有不测风云，人有旦夕祸福。1989 年 8 月 23 日，我被确诊为鼻腔中线恶网细胞瘤。当接到医院病理诊断报告时，就好似掉进万丈深渊。就在我心灰意冷、等待死亡来临的时候，是社会、亲戚、朋友，给了我与病魔抗争、活下去的信心和勇气。

经过西医六个疗程的化疗和钴 60 放射治疗后，肿瘤消失了。这时，有病友向我介绍郭林新气功。我抱着试试看的态度，每天清晨五点到公园，练“吸吸呼”。经过一段时间的锻炼，化疗、放疗引起的副反应，减轻了好多。

江苏省顾长松鼻腔中线恶网细胞瘤

1991 年 12 月，我来到郭林新气功发源地北京，在玉渊潭公园中找到了老师，认真系统地再学习，进一步掌握了郭林新气功的功理、功法。经过考核，成为一名郭林新气功辅导员，还参加过中央电视台综艺大观第 97 期的演出。节目一经播出，在社会上引起了巨大反响，都为我们不畏癌魔、笑对人生的精神风貌拍手称赞！

风雨过后，定见彩虹。不知不觉，已经三十年了。回顾这三十年的抗癌史。我深体会到：癌症并不可怕，只要勇敢地面对病魔，树立信心，走科学治疗、综合康复之路，就一定能战胜它。

康复的梦想从这里启航

一场不期而遇的疾病，一次不经意间的邂逅，让我结识了郭林新气功。

我是一位临床康复近八年的鼻咽癌三期患者，由于恶性程度高、潜在的复发转移概率大等因素的存在，让已经受一系列创伤性治疗，身体极度虚弱的我，对未来康复的希望甚感迷茫，后续治疗的重心便逐渐转移到以中医治疗调理为主了。正当十分迷惑、忐忑之时，一次偶然的机缘，让我结识了郭林新气功这种康复锻炼的好方法，看到了希望。

湖南省 鼻咽癌 彭运奇

冬练三九，夏练三伏。随着学练课时的增多和学练程度的提升，我对功法功理的了解与认识，也在不断地深入和提高。在学习中体验，于体验中成长，八年多郭林新气功的运动习练，使我收获满满，获益良多。其主要体现在治疗所带来的严重的毒副作用得到了迅速的缓解和改善，吃饭香了、睡眠好了，体质体能增强了，精气神更足了。

“雄关漫道真如铁，而今迈步从头越。”回首八年多的康复历程，最让我感怀的是，抗癌不仅仅需要坚强的信念，更需要智慧的抉择。郭林新气功，让我康复的梦想从这里启航……

我与胰腺癌八年共舞

北京市 柳宝山 胰腺癌

转瞬间第八个年头即将飘然而去，从胰尾癌到肝转移再到胰头占位来了个肚皮三开合，三次残酷的大手术我居然挺了过来。

胰腺癌本身凶险极大，是癌中之王且无特效办法。胰腺癌并发生肝转移更加凶险，患者平均生存期是1.5年。在我肝手术后医生赏给我四个月的生命期。

苦寻出路的思索中，回忆起七十年代末的肺癌患者老邻居，跟郭林老师学练气功，靠郭林新气功恢复健康，还到处讲课教功。手术后25天，在家人的陪护下来到了地坛公园，有幸跟老师学了郭林新气功。大约半个月的时间，体力大大增强。边练功边化疗，顺利做完了六期化疗。从此每天早上四点起床，五点四十进园在固定地点起功，自然行功、升降开合吐音功、中快功、点步功相继而行，返程时加练稍慢的快功，每天如此，不管刮风下雨，严寒酷暑，从不间断。就这样我度过了黄金六七年。

每天“吸吸呼”，就能实现自己的梦想。这不仅为了你自己，更为了你的家人，为了你爱的人和爱你的人必须去做的事。即使是癌中之王，存活八年也并非遥不可及，让我们抱团取暖，奇迹在每个人的身上都有可能出现！

重生二十余年

1999 年的一场大病犹如晴天霹雳，我被确诊为胰十二脂肠壶腹部癌。12 月 3 日因皮肤巩膜黄染入院，于 12 月 17 日手术，切除大部分胃、十二脂肠、胰头、空肠上段和胆。麻药过后痛不欲生，身上能插管子的地方一个不留，最可怕的是刀口裂开不愈合，伤口处天天流恶液、血水，又是三高（白细胞高，门上糖高，高烧不退），生命到了极限。医院开了死亡通知书让家人准备后事！亲人们没有放弃我，恳求医生用最好旳药抢救；我自己也意识到生命的可贵，要活下去！奇迹出现了。住了近 4 个月医院后伤口愈合了，我终于可以出院了。

江苏省无锡市

高锡华 胰十二脂肠壶腹部癌

到家休养了半年后，我就走出家门去接受阳光和空气的沐浴，到公园去跟老师学郭林新气功，天天早上吸吸呼，抗癌又锻炼身体，同时加入到癌症康复协会，05 年还成为滨湖分部十三小组组长。

天有不测风云，2015 年又查出左卵巢透明细胞癌。有了第一次的经历，这次整个人淡定了许多，3 次腹腔化疗和静脉化疗很快就过去了。回来后一直照常练郭新林气功强健体质，至今没有复发。

我坚信抗癌路上不平坦，需要我们有决心驱走阴霾，用最热忱的心态迎接新生命的开始。请相信，付出就会有回报，风雨过后才会有彩虹，加油！

患难之中见光明

宁夏自治区 陈保顺 腹膜粘液腺癌

2017 年 2 月底，一场突如其来的噩梦似晴天霹雳般敲击着我的下半生。正当我的事业蒸蒸日上之时，腹膜粘液腺癌的结论出现在检查报告单里，一时间我陷入迷茫，工作动力、生活信心均跌入底谷，不知如何面对。当时只进行了 2 次化疗，接下来一年之中的询医问药使我更悲哀。在盲目治疗无果，已被医生判了死刑的情况下，我最终选择了放弃任何治疗！我想该给自己安排后事了，决定写遗书了！

2018 年 4 月，我在犹豫了一年之后开始学练郭林新气功。两个月后练得这里酸那里疼，在将失去信心要放弃时，又去了上海查功纠偏指错，使功理功法有所提高，回到家后便下定决心好好练习郭林新气功。柳暗花明又一村，患难之中见光明！经过努力练功半年后，无任何治疗及药物控制，只通过练习郭林新气功的我，精气神变化明显好转。原来痰多失眠、尿屎失控、腹胀腹痛，八九厘米深的腹水，到 10 月底，彩超显示已看不到腹水了，生物钟也很准了，大小便正常按时，睡眠深入准点，整个身体轻松自如，精气神也特别旺盛了。

在此感谢郭林新气功给了我第二次生命。郭林新气功谁练谁受益，没有最好，只有更好。

路就在脚下

六年前我被确诊患滑膜肉瘤——一种发病率十万分之一的高度恶性肿瘤。一个月后在肿瘤医院进行扩大再切除手术。半年后复查，肿瘤转移至腹股沟。我先后 8 次化疗，期间进行了腹股沟淋巴清扫术，然后又行 25 次放疗。

2015 年 3 月我参加了上海市康复学校的培训班。21 天的学习不仅使我对康复的理念有了更加科学的认识，更重要的是我接触到了郭林新气功。我结束治疗才 1 个月，刚开始走行功时腿还不利索，完全跟不上行功队伍的节奏。但我咬牙坚持，从走 5 分钟开始，每天增加行功步数，就这样培训班结束时我居然奇迹般地行走自如了！

上海市 陆炜华 滑膜肉瘤

郭林新气功给了我信心和决心，至此我练功不辍，还买了不少书籍，对症开练，及时调整，定期去康复学校参加集体查功活动。练功最大的奇妙在于真正的入静了，练功时会感受到身体有股无比强大的力量升起，好象进入了天人合一的境界。

郭林新气功给了我重生的机会！回想这六年，既是我生命中最痛苦的几年，也是我最充实、最自由、最快乐的六年。在这段休养的日子里，除了每天的锻炼必不可少，只要是有利于身心，让我觉得快乐的事情我都很乐意去做。因为我始终记住了那句话——路，就在脚下！

坚持习练郭林新气功 让主治医生改了口

浙江省 蒋雅梅

T 细胞型非霍奇金淋巴瘤

2016 年 9 月，我例行复查，我的主治医生欣喜地对我说：“你恢复得比我们想象的要好很多，两年之后复发的几率就很少很少了！”当时距离我得病已经快三年了，我喜极而泣！在治疗时，他曾直言不讳地对我说：“你的淋巴瘤分型属于非霍奇金淋巴瘤 T 细胞型的，恶性程度很高，是治不好的，100% 复发，连最先进的美国也不例外！”是因为我习练郭林新气功让医生改了口。至今我已经安全地度过了五年半！

刚开始我服用中药，使我的白细胞恢复了正常，体质也得到很大改善，但每次复查，锁骨上和甲状腺上都有小淋巴结和小结节，原来放疗过的肝脾包膜上的阴影一直都存在着。我了解到，很多晚期癌症病人通过习练郭林新气功得到康复，我马上开始学习并认真习练起来。意想不到的是，练了两个星期之后，原本造口那不规律的排泄就变得非常有规律。练功半年后复查，原来锁骨和上甲状腺上的小淋巴结和小结节竟然消失了。练功一年后复查，原来放疗后肝脾包膜周围的阴影也都没有了。无论是血液指标和影像学都很正常，因此才得到主治医生的肯定。10 月做造口回纳术，我重新成为一个正常的人，至今身体康复得很好！

而今，郭林新气功于我，是我生命的一部分，生命不止，练功不息！

“吸吸呼”使我虎口脱险

我是一位脑肿瘤患者（脑干胶质瘤 2.8x2.9x3cm），脑干是生命禁区，即使做手术，生存时间平均也只有 18 个月。

2001 年，我结婚两年多就患病了，一家 3 口人的生活全靠妻子一人负担，每月打工不到 1000 元。她为了多挣点工资换了 6 份工作，搬了 9 次家。由于家里经济非常困难，拿不出钱做手术、放化疗，走投无路，医生预言只有 3 个月的生命。

广东省 杨文辉 脑瘤

在我几近绝望的时候，找到了北京抗癌乐园，来到了八一湖畔的“生命绿洲”，从此，在老师的教导和爱心帮助下，找到了一条科学、经济、具有中国特色的抗癌之路。上午自然行功 40 分钟，升降开合、吐音 20 分钟，点步功一、二、三步点 60 分钟；下午自然行功 40 分钟，特快功 20 分钟，中快功 20 分钟；晚上松揉手棍。就这样吸吸呼、吸吸转、一步一步走，一天一天病情好转。

经过几年的锻炼，不屈不挠地与癌症斗争，现在病情非常稳定。经核磁共振检查，肿瘤无任何发展，症状有的减轻，有的消失，体重增加，体力增强。很多神经外科医生都认为这是医学上的奇迹！

我已经平安地走过了 18 个年头，还在广州、珠海、香港、澳门等地传授郭林新气功，救助了不少癌症患者。作为郭林新气功的受益者，如今，也成为使他人受益的传播者。

花季 死神 硕士

◉ 北京市 郝菲（化名）
脑囊虫后遗症

2007 年 11 月，正在准备硕士毕业论文的我发现患脑囊虫病。手术摘除了部分囊虫，但中枢神经附近仍粘附部分钙化囊虫无法清除。此外，术后并发脑积水，需在头部安插引流管。2008 年 2 月出院，每日卧床，无法独立行走。

卧床时，我忽然想起有同事患肺癌，练郭林新气功康复了。于是抱着试试看的心态，让父母架扶着来到了团结湖公园，向郭林新气功寻求帮助。

因为病情严重，我开始时无法独立练功，于是辨证施治，坐着练预备功和“吸吸呼”的方法。随后我让妈妈在身后扶着，迈出了学习郭林新气功的第一步。渐渐地我能独立行走了，面色也好转了，自然行功、升降开合、点步功、手棍功以及针对我脑积水的消水功也可以练习了。同时，功友们用自身的康复经验鼓舞她，助我走出心灵的误区。

突然，我又犯病了，脑萎缩。经过查阅资料、慎重考虑，我毅然决定拔掉引流管，做造瘘。2008 年 6 月 26 日造瘘手术，第八天脑室基本恢复正常。7 月 10 日拔掉引流管，23 日出院。7 月 25 日我继续练自然行功、中快功、点步、升降开合，走路稳当了，体重也增加了，身体一天天在好转。

2008 年 9 月中旬复查，我脑室已恢复正常。两年后停药，彻底痊愈！2009 年底，我顺利取得硕士毕业证书，并以惊人的毅力继续攻读了博士学位。虽然我康复已 11 年，但每天仍坚持习练郭林新气功后再上班，并且动员妈妈一起练习。是郭林新气功救了我，郭林新气功将伴随我终生！

郭林新气功让我在心灵上战胜了癌症

天有不测风云，人有旦夕祸福。2004 年在我人生处于幸福美满时，被诊断得了气管癌。当天我就出院了，因医生给我的治疗方法并不是我们能接受的。第二天，清晨 5 时我就到公园去做运动，紧接着先生再带着我到各大医院，寻访医生拿意见，后又领着我到新加坡见了很多位医生，结果，一个比一个令人沮丧，最后感恩医生一句："以最少的伤害来做最好的治疗"，令我俩感动泪下，感恩……还是感恩。所以，我们千万别放弃，用正面的念头，寻找正统的治疗方法，世界之大，总有我们容身之地吧！

马来西亚 黄慧明 气管癌

病人必须首先要在心灵上战胜了癌症，才有活下去的希望，才有站起来的力量，将生命稳稳地掌握在自己手中才是上策。

往后我一日之计在于练郭林新气功。每天清晨 5 时必到公园练习至少 3 个半小时的郭林新气功，到中午才离开公园回家。练郭林新气功讲求松静自然，以柔制刚。在松静中让我体会到日常生活中的衣食住行，也包含了功法。不如意事，十常八九，要学会"曲之而不怒，临之而不惊"。

白驹过隙，光阴似箭，如今我又癌过十五年了，我深深感恩与珍惜。感谢一路走来让我遇见了许多的郭林新气功的好老师。感恩有这么一套郭林新气功，给了我们无限的希望和力量！

我是站长

上海市 张先云 前列腺癌

2007 年 5 月，我在体检时发现前列腺抗原。手术过程曲折，出院后我的身体状况很差。2008 年初，我参加了市康复学校郭林新气功学习班。3 个星期的学习课程使我受益匪浅。

此后，我每天一早就去中央公园练功，一练就是一上午。经过一年多练习，人胖起来了，精神面貌也好了很多。后来在练功时，我心平气和，心安神静，守住精、气、神（人的三宝），时刻牢记松是练功的基础，静是练功的核心。悟透了这些要领，我从苦练到巧练，获得了事半功倍的理想效果。

松江是上海的郊区，为解决新会员去市区学习郭林新气功路途远的困难，区俱乐部成立了郭林新气功辅导站。我当上站长后，动员身边的新会员组成了一支集体练功的团队。每天在微信群里叫早，大家一起锻炼。收功、气化后，还会探讨功理功德，交流练功体会。谁要打退堂鼓了，我们会为他打气加油，不让他掉队。一分耕耘一分收获，当我们团队的功友得益于郭林新气功锻炼、得益于群体抗癌的互帮互助，相继获得健康，由衷对我表示感谢时，我总是笑着摆摆手说：“我是站长，义不容辞”。

郭林新气功伴我走过 32 年

1987 年，我被确诊患晚期坏死性恶性肉芽肿瘤，医生断言，我只有 6 个月存活期。我默默祈祷，我还年轻，我不能死，我一定要活，我也一定能活下去！这个信念支撑着我咬紧牙关，配合医生治疗，经历了手术及 3 个月超大剂量的放、化疗，我丧失了全部的味觉和嗅觉，只能靠嘴来呼吸，头发也掉光了，我感到了从未有过的绝望……

上海市 殷小玲 肉芽肿瘤

1988 年经人介绍我参加了上海郭林新气功协会。每天早上 3 点起床，认真练习自然行功、特快功、升降开合、吐音功、点步功等，每天除了吃饭、睡觉、小憩外，几乎都在练功。刚练功时，我连脚都迈不开，仅仅几分钟就大汗淋漓，气喘吁吁。3 个月后，不通气的鼻子可以呼吸了；6 个月后味觉恢复了，12 个月后唾液分泌也正常了，我终于可以正常吃饭了！当跨越了医学界划定的生死期的我去医院复诊时，医生竟然像研究外星人一样看着我，无法相信我能这么好地活着。

现在的我幸福快乐地生活着，每周二上午 8:30 在虹口公园中日青年友好钟的东面辅导锻炼的朋友们，郭林新气功是我的最爱！

郭林新气功给了我第二次生命

吉林省 王淑英 子宫内膜癌

2002 年我患上了子宫内膜癌（腺癌一级），2012 年 5 月体检发现左肾原发癌，右髂骨、骶骨转移、右肺转移、左甲状腺结节和腹膜后多处淋巴转移。看到这么多转移灶，我如五雷轰顶！

也许是我与郭林新气功有缘，偶然间看到了郭林新气功能治癌防癌，我如获至宝，马上在网上购买书和碟，开始自学自练郭林新气功。每两个月去医院复查一次，肿瘤发展得很缓慢。就这样我白天去江边练功，晚上学习，每天都写一篇日记。无论是严寒酷暑从不间断去江边练郭林新气功。2015 年我去参加了辨证班学习，知道了根据自己的身体变化该怎样辩证练功。我练了五年半郭林新气功，转移灶都好了，髂骨也不疼了，可是，肾癌还是控制不住，间歇性地无痛尿血。于 2017 年 12 月 14 日做了左肾切除手术，同时切除 16 个淋巴，活检结果是透明细胞癌 3 级。手术后淋巴漏流了一个月才好。取下引流管我就坚持每天都下楼去练郭林新气功。

半年后去医院复查各项指标都正常了！我和家人都特别兴奋，我抗癌成功了！这都是我坚持不懈地练郭林新气功的结果！感恩郭林新气功给了我第二次生命！生命不息，练功不止！

练好郭林新气功 强肾康复人生乐

2002 年 12 月体检发现，我右肾外侧中下部有 4.6x4.2cm 的占位，在南京军区福州总院手术切除右肾，确诊为肾透明细胞癌。

从此，我的后半生将重点保护左肾。我远离西药，求助中医，在一位身患骨癌的老中医那里看病治疗，连续 5 年不间断服用他开的中药，并坚持刻苦习练郭林新气功，如愿康复了。

福建省 郑承周 肾透明细胞癌

1990 年 12 月，我曾陪着爱人在省金鸡山疗养院学习过一段时间的郭林新气功。今日自己患病了，遂重温郭林新气功，坚信不疑。

出院后，我全身心地投入到郭林新气功的习练中去。每天清晨脚跷手摸“吸吸呼”以养肺，金（肺）生水（肾），肺好自然肾也好。手摸脚跷行功不断刺激着肾经，疏通肾经的经络，调动肾经的气血，调节和改善我的肾脏功能和机能活动。舌舔上腭行功，接通任督二脉，产生津液，咽津三口，玉液还丹，自然“百骸畅通，诸病不生”。

不论刮风下雨，我每天都坚持练功 3 ~ 5 小时。上午练自然行功、升降开合、吐“哈”音、点步功、中快功，下午练自然行功、点步功、中快功，并配合手棍、脚棍功。工夫不负有心人，通过半年多的锻炼，我一切指标正常。

五年后，我调整练功方案，上午习练自然行功、1、3 步点功、升降开合、中快功，并坚持至今。

不把自己当病人

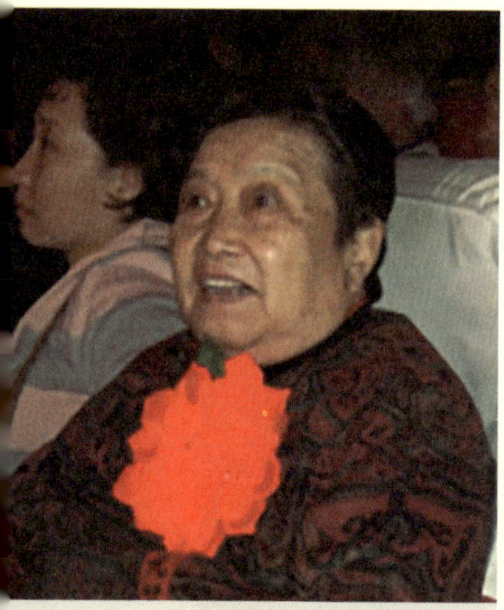

北京市 王淑梅

结肠癌、子宫癌、盲肠癌

从 1968 年至今我做过 3 次癌症切除手术（1968 年患乙状结肠癌、1979 年患子宫癌、1992 年患盲肠癌）。51 年过去了，我现在的精神和身体都很好。

发病初已到癌症中期，那个年代谈癌色变，自认为得了绝症，生命无望了，可看到自己两个 12 岁和 5 岁的女儿，心里只有一个念头，我要坚持活下去。

1979 年又开始肚子痛，经过刮宫检查确诊为子宫癌，又做了子宫摘除术。1992 年盲肠部位又一次发现了肿瘤，由于第一次做乙状结肠癌时，肠子截去了近两尺，这次盲肠癌又切去了一尺，一直到现在我每天都大便无数次，因为肠子比正常人短了许多。

1995 年，有幸知道了郭林新气功；便到团结湖公园参加了学习。从此我每天由家走 3 站地一路练着功就到了公园，在公园里练整套功后回家，风雨无阻，每天坚持锻炼。回顾患癌 51 年来，每隔 10 年左右，就有一次癌症的复发转移。多次手术，肚子上横七竖八好几道刀伤。直到 1995 年开始操练郭林新气功后，24 年了再也没有复发转移，至今身体状况非常好。

我经常把我的抗癌经历介绍给新来的病友，不把自己当病人，树立信心，综合治疗，坚持郭林抗癌健身法的锻炼，癌症就可以战胜，癌症≠死亡。

同甘共苦勤练功 夫妻康复家幸福

1989 年 1 月我患了脑垂体瘤，当时在福州很少见，我只能到上海动手术，病理是脑垂体生长激素多功能腺瘤。4 月底回福州放疗。仅仅两个多月后，我丈夫又被查出患右肩血管外皮瘤，整个家庭笼罩在一片阴霾之中。

1992 年初我爱人在复查中又发现肝转移了，我俩很紧张。关键时刻，经同事介绍，我们参加了福州“希望之光”抗癌乐园举办的郭林新气功培训班。

我们每天清晨 3 点多起床，然后开始习练自然行功、升降开合、吐音功、特快功、点步功和中快功。收功后，大家聚在一起“话疗”——交流抗癌康复的经验，其乐融融。

1992 年 12 月，在找老师查功后，我调整了习练的功法，减掉了特快功和脚棍功，增加了下午的自然行功和中快功，并更加注意呼吸和脚步的轻重。认真苦练一段时间后，整个人身体都得到了改善，我丈夫肝部的小肿物也消失了，各项指标都恢复了正常。

病魔无情也可怕，但只要相信科学，坚持不懈地习练郭林新气功，就能获得康复。

福建省 刘美英（右 1）脑垂体多功能腺瘤

福建省 黄荣兴 右肩血管外皮瘤

梅花香自苦寒来

福建省 林志坚

急性白血病、继发性食道癌

2001 年 6 月 14 日，我被诊断出患有急性白血病（M7 型），后来转院到协和医院确诊是 M5 型，遂开始化疗。2002 年 5 月 30 日我进行了异基因骨髓移植手术，手术获得成功。2006 年底，我偶然在报纸上看到关于福州抗癌乐园的报道，于是马上联系并加入了福州抗癌乐园，开始接触到郭林新气功。

一开始，由于我思想上不重视和工作上的原因，郭林新气功只练了一个月就没有再坚持下去。直到 2010 年 6 月我又确诊继发性食道癌一期，立即做了胸腔镜微创食管癌切除手术。这一次我才真正认识到癌症是终身的慢性病，千万不可以掉以轻心。2011 年 9 月，我重新报名参加了郭林新气功培训班，每天坚持做 1 ~ 2 小时自然行功、升降开合、三步点功。经过 2 年的不懈锻炼，我身体免疫力逐渐增强。

2011 年我们几位病友还一起去寺庙住了一段时间，每天 5 点起床一直练功到中午，下午去登山或者逛农贸市场。这样的生活让我们身心愉悦，大家在一起互相交流进行“话疗”，不但锻炼了身体，而且增强了抗癌信心，身体都逐渐恢复了健康。

抗癌 靠坚强 更靠智慧

2011 年 4 月我进行了右肾摘除、右输尿管全长切除及膀胱袖状切除手术，确诊为右肾盂乳头状尿路上皮癌。2012 年 12 月行右肺上叶摘除术，确诊为右上肺微浸润腺癌。

肾癌术前全程无间断血尿长达两周，遂行移植。术后，第六次膀胱灌注后出现蛋白尿 ++，隐血 ++，排尿时膀胱疼痛。为保仅存的一个肾，我要求停止膀胱灌注，转而寻求中医治疗，并在中医介绍下开始学练郭林新气功。八年间，虽时有肿瘤标志物出现异常，但除肺癌手术外，未再接受过西医任何治疗，中医、新气功与心疗多次让我体内异常的肿瘤标志物降为正常！

这些年的经历使我更加坚信抗癌成功的秘诀只有一个，就是提升免疫力，改造身体内环境。而提升免疫力的最有效措施就是习练郭林新气功！新气功就是癌症患者治疗康复最好的“绿色靶药”。我八年坚持不懈地练功，既节省了大量医药费，又给家人带来健康快乐的生活，更是通过自己康复帮助到了新病友。感恩新气功，给无数癌症患者带来康复的信心和希望。

福建省 孙毅 肾盂乳头状尿路上皮癌

右上肺微浸润腺癌

我与郭林新气功十年

加拿大 马有国

鼻咽癌 转移 肺癌

2007 年 12 月 24 日，一个永远忘不了的日子！我孤零零地躺在冰冷的放疗设备里，接受最后一次放疗（总共 36 次）。同时交替进行的三次铂金化疗，使我整个人极度虚弱，面色腊黄，反应迟钝，盖着两床棉被还是瑟瑟发抖，颈后部皮肤大面积溃烂，喝水像吞咽玻璃碎片一样割疼，更遑论固体食物了！

正在万分彷徨无助之际，多伦多癌症协会义工建议我练习郭林新气功并介绍来自香港的张富赉老师（肝癌），他每天早上在爱德华公园教授郭林新气功。步履蹒跚的我从此踏出了“吸吸呼”的第一步。

练功一个月下来，奇迹竟然发生了，口腔里渗出津液，欣喜若狂呀！

张老师要求学员每日练功 4~5 小时，那时的生活节奏基本就是练功、休息、再练功。拼搏呀！睡眠质量转好了，开始有食欲了！（以前 6 个月都只能喝高浓度营养补充剂维持生命）身体也渐渐恢复过来！自此之后，春夏秋冬，风霜雪雨，每目练功不缀。

十二年的康复之路，绝不平坦，健康来之不易！

感谢心传口授，给我无限信心、勇气、鼓励、鞭策的老师！

在整个身体康复过程中，我完全没有使用中医中药，更不要说那些维生素补充剂之类，靠的是老伴不离不弃以及无微不至的关怀，爱心滋润汤水，永不歇息的“吸吸呼”！

我和郭林新气功的抗癌故事

从患病之初连开三刀、二次患子宫癌、心、肺、肾、颈椎严重并发症，到闯过 3 年小关和 5 年大关，如今已走过 27 个年头，我深感郭林新气功益处多多，体会如下。

一、良好的心态是根本

面对恶疾，拼搏求生是必须的选择。抗癌明星的事迹，家人朋友的支持，坚持自我鼓励，帮助我更好地入静，从而产生大量内气，收到应有的练功效果。住院期间，不胡思乱想怨天尤人，用看书、唱歌来填充空闲时间，练功时心安神静，全身放松，口水多。

福建省 叶梅

乳腺癌、子宫癌

二、争分夺秒与死神赛跑

复发转移是癌症致死首因，首次术后宝贵的缓解时段，一定不要姑息养奸。坚持中西医综合治疗的同时，要抓紧练功不让癌细胞再次反扑。前五年我每天练功四五个小时，足够的功时让我扛完西医的全部治疗，没有出现转移复发。后逐年减功，目前依然坚持练功。

三、细节决定成败

练功是持久战，要完善练功前中后的各项保障：早睡早起有“精气”，手脚温暖抗“寒气”，保持半饱添“谷气”，功间休息能“化气”，功法正确多“氧气”。

患病第十年时，我右侧乳腺开刀取出十年前就存在的瘤子，但已经纤维化了。郭林新气功助我成功抗癌！

坦然对抗多重癌

辽宁省 韩素兰 多重癌

自 1973 年 2 月第一次确诊患肠癌，随后的 46 年中我又先后确诊鳞状细胞癌、高分化鳞状细胞癌、子宫内膜癌等 6 种癌症。

第二次肠癌手术后，发现淋巴结和血管转移，又在术中输血时染上丙肝，因而我失去了治疗的机会。此时恰逢学练郭林新气功，以寻求一条康复的新路。

1993 年 3 月大连星海抗癌乐园组团出席了在上海举办的“全国首届癌证患者奥林匹克运动会”。通过这次大会，我深深认识到“癌症不等于死亡”以及“群体抗癌超越生命”的力量，同时也了解到癌症的出现与基因、性格、生活方式、精神压力等有密切的关系。我有家族史，且属 C 型性格，不服输、太认真、追求完美，癌症跟我作对是偶然中的必然，因此我只能勇敢而坦然地接受并善待它。

此后，不论寒冬酷暑我都坚持习练郭林新气功。开始时，因为我术后腹腔右侧严重粘连，练不了救命的特快功。随后通过下海游仰泳，享受海水的拍打、按摩，解开了我肚子里互相拉扯着的零件，从此习练特快功一天不落。

癌症是终身疾病，既然不能把它消灭干净，那只好打持久战，与它和平共处。46 年过去了，康复之路任重道远，我需要继续努力！

比癌症更可怕的病例

◉ 上海市 钟尚文 肾淀粉样变

肾淀粉样变导致糖尿病属世界罕见病例，临床表现是淀粉样蛋白沉淀于全身，沉淀于肾引起肾病变称肾淀粉样变性病！终末期肾衰竭一般生存期短于1年，心脏损害、心力衰竭、心律紊乱和猝死为主要死因， 用透析替代治疗并不能延长患者生命。其治疗较为困难，目前尚无特效药物。

我现年63岁，是上海某集团公司干部，于2015年5月生病， 在茫然无助的关头，经朋友介绍，有幸结缘并习练郭林新气功。每天早上坚持锻炼行功1个半小时。在老师的精心指导下，经过短短三个多星期的锻炼，身体出现了明显的变化，能吃能睡，每晚能睡4-6小时，每顿能吃半碗饭。经过约一年的锻炼，每次检查指标都趋向好转。医生说是奇迹！这是郭林新气功给我带来的福音和希望！

另今年偶遇江西一功友称2016年单位体检自己查出肺癌，其身为某市药品食品监督局副局长的老公查得尿蛋白3+被确诊肾淀粉样变性，也是多方治疗，但三个月不到便以尿毒症离世！速度之快真令人措手不及！可见此病之凶险！

闯过去就又是一片天

山东省 刘玉梅 肺癌脑转移

2015 年 5 月，我被确诊为左肺上叶周围性腺癌并脑转移，医生说这种情况的生存期一般为 2 ~ 6 个月。虽说我本人就是医生，但还是被这突然而至的灾难给打蒙了。冷静后，我想通了，想办法活下来才是王道！

肺癌脑转移一般不主张手术，但我想去赌一把，手术切除肺部肿瘤，头部转移瘤用“射博刀”治疗，同时开始服用靶向药。术后并发症让我整夜不眠，腹胀腹痛且不能吃饭，我要努力改变这种状况！

2015 年 10 月，我参加了淄博抗癌健身乐园在我院举办的郭林新气功学习班，课堂上老师的话让我陷入沉思：对待癌症，战略上要藐视它，战术上要重视它。我制定抗癌策略，改变饮食，控制情绪，心态乐观，坚持练功。

每天清晨 5 点，我准时来到公园，脚跷手摸吸吸呼。说来真神奇，一个月的时间，腹胀腹痛就消失了，咳嗽有了明显改善。半年的时间，头部转移灶也消失了。2017 年 7 月，我第一腰椎骨又发现转移，通过治疗和调整功法，三个月后病情也稳定了。

就这样，我调整心态，每天练功，合理饮食，在亲情的呵护与关爱下，迅速康复。一年后，重返工作岗位。如今，我已度过抗癌路上的四个春秋。今后，我会义无反顾地走下去。

有志者事竟成

2008 年 4 月，我成为了一名恶性淋巴瘤患者。更不幸的是，第十一次化疗以后，我复发了。

2009 年 4 月，我被迫接受医生的建议做自体骨髓移植。移植前大剂量摧毁式的化疗让我的生命频频告急，吸氧、休克、输血、输血小板 ...... 干细胞分离完后，生命已处于崩溃边缘，又一次抢救过后，我决定放弃移植回家修养。

2011 年 6 月，我又发现肺转！我不能等死，要主动去寻找活命的方法，在网上看到了郭林新气功，于是 6 月就到淄博抗癌健身乐园参加了第 18 期郭林新气功培训班。

打那以后，练功就成了我生命不可或缺的一部分，无论酷暑严寒，风霜雪雨，我都坚持每天 3 点钟起床练功。练功不久，一个个惊喜让我更加坚定了练好功、治好病的信念。不用安眠药我能睡得香了，多年神经性皮炎和胃溃疡好了，更可喜的是，练功四个月以后，我肺上的转移灶消失了！

郭林新气功就像癌症病人的绿色靶向药，坚定信念，坚持练功，就一定会有收获。

黑龙江省 闫秀丽 淋巴瘤 肺转移

雨中练功

湖南省 张天鸿

星期天早晨，浓云密布，细雨霏霏，我冒雨来到湖南烈士公园，享受着雨中练功的舒适和惬意。公园南大门左边是一大片桂花林，条条土路交叉延伸，福泽习练郭林新气功的我们。自从 1993 年在这里练功以来，我能吃能睡，体重从患病时的 42 公斤上升到 52 公斤，并恢复上班，受益多多。我自然成了郭林新气功的痴迷者，几十年练功不缀。

我在熟悉的小路上轻轻走过，桂花树上的花儿香气四溢，松树时时挺拔，樟树全年青翠，带给我坚强理念和无限希望。

我在熟悉的小路上轻轻走过，只要是飘雨飞雪的日子，我会立即换上雨鞋，来到桂花林“吸吸呼”，任由雪花轻轻飘洒，享受这份清新怡人；

我在熟悉的小路上轻轻走过，脚步掠过濡湿的地面，四肢趋于圆软的状态，似睡非睡，似醒非醒，如梦如幻，飘飘欲仙；

我在熟悉的小路上轻轻走过，见到什么，听到什么，想到什么，都在意会中，莞尔一笑，转瞬即过，身心彻底放松，达到混沌境界；

我在熟悉的小路上轻轻地走过，真想让这样的情境定格，让自己与天地融为一体。

运动抗癌，集体抗癌，我们康复了

2012 年，内蒙古癌康会刚成立 3 年，我们 10 位会员大部分刚刚接受过治疗，正在恢复体能，有的还发现有转移迹象。正当大家处在迷茫不安时，协会安排我们去上海癌症康复学校参加康复培训，大家如同在黑暗中看到了生命的希望和曙光！

我们是上海市癌症康复学校第 82 期学员，在这里我们接受了三周系统的郭林新气功康复训练。每天清晨，学员们迈着轻盈的脚步“吸吸呼”，通过有节律的运动、充分的呼吸和意念上的入静，消除悲观情绪，改善身体内环境，疏通经络，平和心态，提高自身免疫的功能。学校还同时开设了集体心理疗法、音乐疗法、意念疗法、饮食疗法、推拿疗法等，使学员们的身体和精神都得到了治愈。

结业典礼上，我们 10 名学员表演了郭林新气功、蒙古族民歌和蒙古族舞蹈。在欢乐的氛围中，我们忘记了自己是癌症患者。更重要的是在那一刻，我们树立了一个共同的目标——把在上海癌症康复学校学到的各种康复方法和康复经验带回到内蒙古。

2019 年 7 月，内蒙古癌康会隆重举办了十周年康复论坛，特邀上海癌症康复俱乐部的袁正平会长参加。我们看到袁会长是那么的亲切！此刻，我们想告诉您，我们康复了！我们曾经的愿望实现了！

内蒙古自治区 邢屹、王铮等

让郭林新气功在青藏高原散枝开花

郭林师祖为拯救病友性命，数十载奔波于祖国各地，传授功法、功德，从而播下了郭林新气功的种子。但老师生平有一憾——青海、西藏未能涉足。在青藏高原这片净土上，知晓郭林新气功者甚少，习练者更是寥寥。

青海省 刘英 乳腺癌

在青海开创习练郭林新气功之路真的非常艰难。但如今，可以告慰老师在天之灵的是，郭林新气功的春天已经来到青海，扎根、生芽、成长。

2015 年，我的抗癌治疗进入迷茫期，青海当地医院开了转诊单将我转至协和医院做放化疗。治疗期间无意中加入了一个习练郭林新气功的 QQ 群，发现习练郭林新气功的病友真不少。于是与老师相约，简单学习了自然行功的原理，后又收到相关教材和一个学习光盘。从此，我便与郭林新气功结下不解之缘。

郭林新气功造福于人民，我想让更多的病友从中受益。治疗结束回到西宁后，我就开始向病友宣传郭林新气功，动员了十几个病友，大家采用自助学功的方式，请来老师教功。于是在青藏高原也建起了练功点。每天早上，病友们相约在公园练功，有的在林间小径飘飘洒洒，有的在湖边高亢吐音。练功之余，大家聚在一起快乐地“话”疗，享受着练功带来的乐趣。

感恩郭林新气功，让青海的病友凝聚在一起与癌魔作斗争！

感恩郭林师祖，给了我们一把与癌魔抗争的利器！

老师未走，精神永存！大爱永存，如那巍巍昆仑，永远屹立！

郭林新气功给了我第二次生命

2007 年 11 月 31 日我在北京协和医院被确诊患早期乳腺癌，无淋巴转移，术后化疗 6 次。但是人特别容易好了伤疤忘了疼。手术后我还为装修房子而操劳，疲劳过度又去按摩，这些不适宜的生活方式导致身体出现严重疼痛和各种不适。于 2011 年 9 月 8 日在中国医学科学院肿瘤医院确诊为：1. 肿瘤复发，病变侵犯局部肌肉、右肋胸膜、右侧第 3 前肋和右侧胸骨，大者约 6.3×3.0cm，其中右侧第 3 前肋伴粉碎性骨折；2. 双肺多发小结节，转移，大者约 0.7×0.5cm；3. 右侧内乳区，纵隔 7 区多发淋巴结肿大，转移；4. 腰 2 椎体骨转移。胸 9、12 椎体代谢增高灶，病变性质待定。

北京市 朱丽丽 乳腺癌

我的心一下子沉入谷底，迫不得已只得再次承受化疗之苦。正在我茫然若失之时，有幸遇见了郭林新气功。此后几次化疗期间，我每天坚持早上练行功，晚上练手棍升白，白细胞一直在 4200 以上，身体难受的时间减少，程度变轻，充分感觉到了练习郭林新气功的好处。

2012 年 6 月，在我学习郭林新气功有所体会、病情好转、生活愉悦之时，病魔再次降临到我身上。我感到头疼并确诊为脑转移，大者约 3.2×2.5cm，这时是老师“只要好好练功，脑转也能治好”的话鼓励我，让我进行放疗治疗的同时，每天坚持练习郭林新气功。那段时间不管多难受，只要能爬起来我就练习郭林新气功，呼吸新鲜空气，跟病友交流，调节情绪，郭林新气功帮我度过了那段艰难的时间。治疗结束后，我每天早睡早起，坚持按老师的排功练习，随着每半年一次的检查，脑部肿瘤越来越小，直到康复。

我怀着一颗感恩的心回顾得病以来的经历，在命运的大门即将对我关闭的时刻，上帝为我打开了一扇窗——郭林新气功。感谢郭林新气功给了我第二次生命。

我的康复之路

2010年底，刚刚过完43岁生日，一向身体健康的我在体检中被查出罹患乳腺癌。这突如其来的消息，仿佛晴天霹雳，始终不敢相信是真的。一周后，遵照医嘱我到省肿瘤医院做了左乳腺根治术，活检报告为三阴浸润乳腺癌中期。三阴性乳腺癌是乳腺癌中分型最差的一种，后期没有内分泌药可用，也没有靶向药治疗，只有化疗这一条路，而且5年存活率只有30%。面对死亡的威胁，一向不愿流泪的我也禁不住泪流满面。这期间一个偶然的机会，我在网上看到了郭林新气功可以防治癌症的信息，它像一根救命稻草，点燃了我生的希望。没等化疗结束，2011年2月就开始学练郭林新气功。通过治疗和练郭林新气功，增强了我的信心。没过多久我觉得身体恢复的不错决定返回工作岗位。由于没有很好的调整好心态，协调好人际关系，经常为工作耽误练功，甚至严重影响到练功时的心情。2013年11月又发现甲状腺长了结节，在肿瘤医生建议下做了甲状腺全切手术，术后活检为乳头状微小癌。

湖北省 吴卫 乳腺癌

第二次得癌，让我深深地陷入思考，开始反省自己的失误，重新制订康复方案，决定再次拿起郭林新气功这把利器。下决心、树信心、有恒心去战胜癌症，绝不能让癌细胞复燃。从那以后，不管严寒酷暑，刮风下雨，一年四季坚持以练功人心态练功。不光保证功时， 为了更扎实地掌握好郭林新气功的功理功法，我还多次外出学习和查功。

郭林新气功这个武器让我的人生重拾希望，不管前方有多大的困难，我都有勇气面对。我除了自己练功和上班，空余时间还义务为需要帮助的癌症患者提供教功和查功服务，很多患者也从中受益。

今年初武汉突然遭遇新冠疫情，据我所了解众多参与练功康复的病友们都很安全地度过了这次疫情。特别是我们常常一起练功的一位功友，其夫人感染新冠病毒不幸去世，而他做为密切接触者却安然无事，再次印证习练新气功对提升人体免疫力的作用！

在生命的舞台搏击

我是上海人民艺术剧院的演员，现已退休。从16岁开始我就正式踏上戏剧舞台，工作了近40年，可我现在要讲述的却是我在生命和社会的大舞台上的故事。

1985年初，正当52岁的我投入到一个歌颂女科学家的话剧排练时，凶恶的死神揪住了我的衣襟。我被诊断为胃窦部溃疡型未分化癌，肿瘤已侵及到胰腺包膜……人在走投无路时，才想到去开辟新路。

上海市 李守荣 胃癌

在亲人的陪同下，我来到北京的紫竹院，这是郭林老师生前教功的地方。在这里我亲眼看到许多病情比我还要严重的癌症患者，在医学治疗的同时，坚持郭林新气功的锻炼，获得了理想的疗效，有的存活期达到十年以上，而且面色红润，精力充沛。特别是一位腮腺癌病友，我初见到他时，他腮部的癌瘤像核桃般大，但不到一个月他的癌瘤竟奇迹般地缩到小枣一般。虔诚学习，虚心取经，在北京50天，我的脸色红润了，体重增加了，白细胞也上升到近7000，化疗又能进行了。而更重要的是我明白了生命就掌握在自己的手中。

从此我每天四点钟起床，从披星戴月练到太阳当头。练气功虽然艰苦，但能使我唤醒自己的生命潜能，检阅自己生存的毅力。在练功的同时，我和大自然建立了一种心灵的默契。我从花草树木中感受到一种温馨的柔情。清晨步入花园时，各种美丽的小鸟对我欢叫，就像美妙的音乐陪伴着我。林荫道上两排高大的水衫就像是我的保护神。当我面对着老樟树进行松静站立时，它就像位慈祥的老者呵护着我。当我在草坪上走行功时，那一草一花都像一个个小精灵看着我。冬天的大雪把花园点缀成一片壮丽的银白世界时，我踏在洁白的雪地上吸吸呼，真好像进入了一种超凡的意境。我日复一日年复一年地练，身体越来越健康，不仅癌症没有复发过，连曾经患过的一些慢性病也消失得无影无踪。1990年我又重登话剧舞台，现在我已有近23年没服用任何治疗癌症的药物。

我很幸运，于1993年应日本山本友人的热情邀请，以一个气功受益者的身份去东京传授郭林新气功三个月。2010年由俱乐部推荐，我被评选为世界华人百名抗癌明星。

我盼望着人类早日征服癌症！

AIZHENG SHENGCUNZHE HUA YUNDONG KANGFU

第四章
郭林新气功简介

郭林新气功由著名画家、气功大师郭林创编，是一套防病治病、保健养生的好功法。郭林新气功体系完整，其防病治病功法主要是初级功。本书主要介绍其初级功法中自然行功、快功、点步功、定步功、慢步行功、升降开合松静功等几套基础功法。

第一节 预备功、收功

预备功 收功

郭林新气功的每一种功法的操练都包括预备功、正功、收功三个部分，其中的预备功、收功的做法都是相同的。

预备功是操练正功前的准备，包括三个动作：松静站立、中丹田三个气呼吸和中丹田三开合。

一、松静站立

这是郭林新气功的基础功法，要求做到：松而不懈、静而不眠，圆、软、远，要从思想到行动上都做到松静自然。

松静站立具体操练如下：两脚平站与肩同宽；两膝微弯不过脚尖；松腰松胯；自然收腹；含胸拔背；沉肩坠肘；虚腋松腕；舌舐上腭；两眼平视自然闭目；百会朝天。

松静站立的方位选择，要根据不同的病种、不同部位的疾病确定。病灶在肝胆、眼睛上的要面向东方；病灶在心脏、小肠、舌头上的要面向南方；病灶在脾脏上的要面向西南方；病灶在肺、大肠、鼻子上的要面向西方；病灶在胃、食道、嘴上的要面向东北方；病灶在肾、膀胱、妇科、骨等部位上的或自己搞不清楚的都面向北方。

站好以后，习练者应从头到脚检查一遍，符合要求后开始默念六十个数，约一分钟左右，使自己进入气功状态，排除杂念和干扰，做到心平气和、心安神静。

二、中丹田三个气呼吸

所谓“气呼吸”就是自觉的鼻吸口呼的方法。气呼吸的要领是吸而不满，呼而不尽；深、细、匀、长。

做中丹田三个气呼吸的时候，根据性别和病灶部位不同手放的位置是不同的。手放在中丹田时，男的左手在下、右手在上；女的右手在下、左手在上。凡是癌症患者，病灶在上焦 — 横隔膜以上部位，不论性别，手都要放在中丹田 — 肚脐下两横指的气海穴部位。病灶在中下焦 — 横隔膜以下的，手由两胯旁拿到中丹田前，沿着带脉，把手背即外劳宫穴放在肾俞穴上，手中指与拇指相接。病灶在肾脏的，两手也是中指与拇指相接，手背放在带脉上。病灶在带脉的手自然下垂放在两胯旁。

手放好后做气呼吸即鼻吸口呼，凡癌症患者都要先吸后呼；凡慢性病人或没有病的人都要先呼后吸。吸—呼—平或呼—吸—平为一个气呼吸，“平”指自然呼吸。这样重复三次，称为中丹田的三个气呼吸。

做三个气呼吸的时候，要注意轻闭双眼，吸气要深、细、柔，且绵绵不断；同时舌尖要轻舐上腭；呼气时舌尖要自然放下来。

三、中丹田三开合

中丹田三个气呼吸做完了，两手慢慢拿到中丹田前面，凡癌患者手心向下，手指虚拢，两手慢慢向身体两侧分开，略宽于肩。再放松手腕，凡癌症患者转手心相对，两手再慢慢向中丹田合拢，合到中指似接非接，这就是一次开合，反复三次。然后两手慢慢放下回到两胯旁，恢复松静站立姿势。

做中丹田三开合时，要轻闭双眼，舌舐上腭，自然呼吸；要沉肩，要圆肘屈臂在中丹田前面水平线上向外慢慢分开，向内还是在水平线上慢慢合拢；要用指尖或手心的变化来调整不正常的检验指标。检验指标高于正常值的患者，“开”时指尖向下；“合”时手心相对，指尖向下。化验指标低于正常值的患者，“开”时手心向上；“合”时手心相对，指尖向前。检验指标在正常范围内的患者，“开”

时手心向外，指尖自然向前；“合”时手心相对，指尖自然向前。

预备功做完了慢慢睁开眼睛，放下双手，准备做正功。

四、收功

收功是练功结束的动作，就是要把调动起来的内气回归丹田，叫做“元气归身”。收功有三个动作，它的要求和要领与预备功完全一样，只是顺序相反。

第一，中丹田三开合；

第二，中丹田三个气呼吸；

第三，松静站立，时间稍长，2 ~ 3 分钟。有口水分 3 口咽下去，每咽一口都感觉咽到丹田（做到“玉液还丹”），咽完口水或没有口水也要站够时间，放下舌头，慢睁开眼睛，站直两腿恢复自然状态，结束练功。

最好坐下休息十五分钟左右，再操练其他功法。

第二节 自然行功

自然行功

自然行功是郭林新气功初级功的基本功法。采用中度风呼吸法，好似闲庭信步一样的行走功法，可以大量吸氧、调动内气、疏通经络、调和气血、改善循环、调整人体内在阴阳平衡，提高身体的抵抗能力，以达到防癌治癌之目的。

自然行功操练法有三个组成部分，即预备功、自然行功、收功。

一、出脚次序

预备功做完后，根据病灶部位不同来决定出脚的次序。病灶在肝、胆、眼睛的，不管性别都要先出右脚；病灶在心脏、小肠、脑部的，不管性别都要出左脚；在其他部位的，可根据男左女右的原则来决定出脚顺序，男的先出左脚，女的先出右脚。

二、点脚起步

以先出右脚为例：松动右脚，重心移向左脚，右脚尖点地，轻轻点在离左脚心内侧十公分左右的地方，左手在中丹田，右手在右胯旁准备迈步。

三、行步

右脚轻轻抬起，向前迈出一小步，脚尖跷起，脚跟轻轻着地的同时，用鼻子短促地吸气两次，就是“吸吸”，然后重心前移，上身随之转动，两手随着摆动，左脚轻轻抬起向前迈出一小步，脚跟轻轻着地的同时，用鼻子配合呼气一次，即是“呼”；在前进当中上身要保持松静站立的姿势，走四步或六步再转头、转腰一次，约 60°，就这样迈步、呼吸、转腰、摆手、转头反复配合前进。

吸吸	呼—	吸吸	呼—
左脚跟着地 右手在肚脐 左手在胯旁	右脚跟着地 左手在肚脐 右手在胯旁	右手在肚脐 左手在胯旁 左脚跟着地	左手在肚脐 右手在胯旁 向右转头

四、自然行功采用中度风呼吸法

风呼吸法，就是鼻吸鼻呼、出入有声的呼吸方法。中度风呼吸法，就是呼吸的声音不要大，自己能够听得见的一种呼吸导引方法。

五、操练自然行功注意事项

1. 要领

行走要像散步一样，要高翘脚尖，不走“八字”，两膝微弯、坐胯松腰；导引还丹就是手的摆动从“中丹田”到“环跳”（即从肚脐到胯旁），再从“环跳”到“中丹田”；摇摆天柱就是转动颈部，练自然行功时每走四步或八步转头一次。

2. 咽口水

行走时如口水较多，不要吐掉，应该咽下去。最好停下来站好，松静站立后分三小口慢慢咽下，每口都要感到咽到中丹田，咽完口水，再继续行走。

3. 行走要自然

脚跟着地要轻，手臂摆动要自然，肩、肘、腕等关节要放松，特别要注意松腰、松跨、虚腋，真正做到松静自然。

4. 注意补泻调整

手心向下来回摆动这叫泻法；手心对丹田来回摆动这叫补法；摆出去手心向下，回来手心对丹田，这叫调整法；摆动的时候指尖向下来回摆动，这叫降指标功法；手心向上来回摆动，这叫升指标功法。

5. 选择呼吸法

心脏病或高血压的患者学练自然行功，可不用风呼吸法，而采用自然呼吸法，待病情稳定以后，仍要采用风呼吸法，只是呼吸时要轻一点。癌症在中下焦的患者，手的摆动要离病灶稍远一点。

6. 掌握练功时间

一般癌病患者要走 40 分钟左右。左脚吸吸右脚呼，行走 20 分钟停下来，松静站立做一个中丹田三开合；换右脚起步，右脚吸吸左脚呼，也走 20 分钟再停下来收功。如果癌症患者体力不行，也可以少走一些，但要循序渐进，逐步提高达到功时要求。

第三节 快功

快功

快功是郭林新气功防治癌症的主功，是采用风呼吸法，快速行走的功法。由于速度快，呼吸短、猛、强，其能大量吸氧，吐故纳新，更新气血，起到活血化瘀、软坚化结的作用，有效抑制癌细胞的生长。快功由于速度快，杂念就比较少，调动内气就比较多，能够充实元气，提高人体免疫功能，所以它对于防止癌症的复发、转移有比较好的效果。快功由于速度不同，呼吸强度不同，分为特快功、中快功和稍快功。

一、特快功

特快功是采用强度风呼吸法的快功，即一步一吸，一步一呼，快速行走的功法。

特快功被誉为癌症患者的抢救功，对于防治癌症，防止癌细胞的转移和扩散具有比较好的效果。特快功适合有病灶或者不能手术、术后复发转移扩散的患者操练。

特快功的操练要领同自然行功基本一致，只是要求在练特快功的时候，行走的速度要快些，呼吸配合上一吸一呼，呼吸强度比自然行功要重些。

1. 具体操练法

以先出右脚为例。预备功做完后，点脚起步，右脚向前迈出一小步，脚尖跷起，脚跟着地的同时，用鼻配合吸气一次；重心前移，手随之摆动（左手摆至中丹田，右手摆至胯旁）；左脚再迈出一小步，脚尖翘起，脚跟着地的同时用鼻配合呼气一次，就是“吸—呼—”。这样重复前进，每走四步或六步或八步向左转腰转头一次。

脚跟着地	左	右	左	右
手的位置	右手在中丹田 左手在左胯旁	左手在中丹田 右手在右胯旁	右手在中丹田 左手在左胯旁	左手在中丹田 右手在右胯旁
呼吸	吸	呼	吸	呼
转头	–	–	–	右转

2. 特快功操练的时间安排

右脚吸左脚呼，走 10 分钟左右，上后脚做中丹田三开合；换左脚起步，左脚吸右脚呼，四步或六步向右转头一次，也走 10 分钟左右，再上后脚收功。休息 20 分钟左右再操练其他功目或结束练功。

3. 操练特快功注意事项

（1）特快功顾名思义速度要快，但不是越快越好，要量力而行，适可而止，以自己的呼吸、体力能承受的程度为宜。

（2）特快功也是要强调导引还丹，不管走多快，手的摆动都要至胯旁、中丹田位置，幅度可以小一点。

（3）操练特快功还要强调用泻法。身体比较虚弱，年龄比较大，可以用调整手法，但都不能用补法。

二、中快功

中快功是采用中度风呼吸的快功，是每走一步配合一个吸吸呼的功法。中快功适合年老体弱和正在进行放、化疗的患者操练。

中快功操练时，迈步、摆手、呼吸、转头和自然行功基本一样，只在于呼吸与脚的配合和转头的节奏不同。它要求每走一步，配合一个吸吸呼；每走一步配合一次转头。中快功具体操练法有两种，下面分别阐述。

1. 点脚起步（以先出右脚为例）

右脚向前迈出一小步，脚尖翘起，脚跟着地同时用鼻配合吸气两次，即吸吸—，这时左手在肚脐，右手在胯旁。再重心前移，脚掌着地的同时用鼻配合呼气一次，即呼——，同时腰和头也配合向右转动 60° 左右，走第一小步时手不动；然后再迈第二步，左脚向前迈出一小步，脚尖翘起，脚跟着地同时用鼻配合吸气两次，即“吸吸”，再重心前移，脚掌着地的同时用鼻配合呼气一次，即呼—；同时手也随着配合向左摆动，腰、头也同时配合向左转动 60° 左右，这样重复前进。其要领是：脚跟吸吸脚掌呼，正面吸吸侧面呼，前腿弓、后腿松，重心在当中。

2. 点脚起步（以先出左脚为例）

左脚向前迈出一小步，脚跟着地后用鼻配合吸气两次，即“吸吸”，同时重心慢慢前移，手也随着摆动，左手摆至肚脐，右手摆至胯旁，腰、头也随着向右转动 60° 左右，转动同时用鼻配合呼气一次，再迈出右脚，右脚向前迈出一小步，脚跟着地的同时用鼻配合吸气两次即“吸吸”，再重心前移，脚掌着地，手随着摆动，腰、头也随着向左转动 60° 左右，同时配合呼气一次。

以上这两种操练法，癌症患者可任选一种行走 20 分左右就做收功，休息 15 分钟左右再操练其他功目或结束练功。

三、稍快功

稍快功是采用中度风呼吸法的快功，适合于消除了病灶的癌症患者操练或者不适应中快功、特快功的癌症患者操练。

稍快功的迈步、摆手、转头和呼吸方法与自然行功基本相同，不同的是在操练时，行走的速度比自然行功要稍微快一些，呼吸的强度比自然行功稍微强一点，而且每走两步转头一次。

具体操练法是在预备功做完后点脚起步（先出左脚为例）。左脚向前迈出一小步，脚尖翘起，脚跟着地，同时用鼻配合吸气两次，即吸吸，移动重心至左脚，手随着摆动；右脚迈出一小步，也是脚尖跷起，脚跟着地，同时用鼻配合呼气一次，即呼 —，同时摇摆天柱即配合向右转头 60° 左右，这样“吸吸 — 呼 —”重复前进。左脚吸吸右脚呼，走 10 分钟以后，上后脚站好松静站立，做中丹田三开合，然后换右脚点地，出右脚行走，即右脚吸吸左脚呼，也走 10 分钟，上后脚站好收功，收功后休息 15 分钟左右再操练其他功目或结束练功。

快功中的稍快功、中快功、特快功都是独立的功法，癌症患者可以根据自己的体力和病情，选择适合自己操练的功法。

第四节 点步功

点步功

点步功是采用中度风呼吸法，走一步、两步、三步，点地一次，配合一个吸吸—呼——。所以点步功也叫一、二、三步点功。点步功可以防治癌症，去低烧，消炎镇疼，调节脏腑等作用。

一、一步功

就是每走一步，用脚尖点地一次，配合一个“吸吸 — 呼 — ”。

具体操练法是（以先出右脚为例）：在预备功做完后，慢慢睁开眼睛，点脚起步。右脚向前迈出一小步，脚尖翘起，脚跟着地，同时用鼻配合吸气两次；接着右脚放平，重心前移，腰向左转 45° 左右，头向左转 60° 左右，手随着配合摆动，右手至中丹田，左手至胯旁；左脚慢慢抬起，用脚尖（即脚趾肚）轻轻点在离右脚内侧中间 10 公分左右的地方，同时用鼻配合呼气一次。然后再迈出左脚，脚跟着地同时用鼻吸气两次，重心前移，同时向右转腰 45° 、转头 60° 左右，左手随着摆回中丹田，右手随着摆到右胯旁，右脚慢慢提起用脚趾肚轻轻点在左脚心旁 10 公分左右的地方，同时用鼻呼气一次。这样走一步一点地，完成一个“吸吸，呼—”，如此重复前进。

一步功（以出左脚为例）交替点地与呼吸行进路线配合图如下。

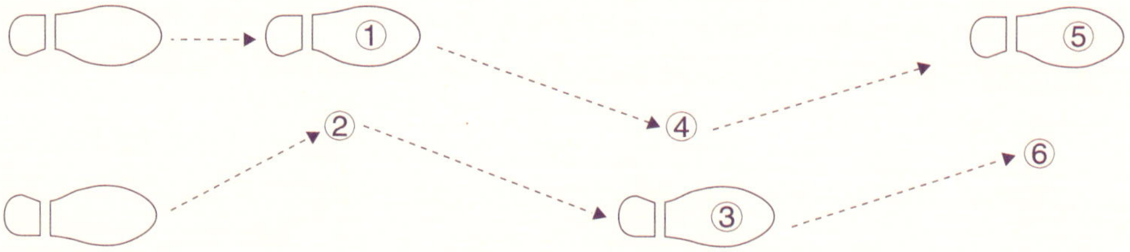

一步功操练时间为 15 ~ 20 分钟。上后脚松静站立，做中丹田三开合，接着做二步功。

二、二步功

二步功就是走二步用脚尖点地一次，配合一个“吸吸—呼——”。

具体操练法是（以先迈左脚为例）：左脚迈出一小步，脚跟着地的同时用鼻配合一次吸气，右手在中丹田，左手在胯旁；然后重心前移，两手随之摆动；右脚也向前迈出一小步，脚跟着地的同时用鼻配合一次吸气，然后重心前移，两手配合自然摆动，腰向左转 45° 左右，头向左转 60° 左右，右手摆回中丹田，左手摆回左胯旁，同时慢慢提起左脚在右脚内侧中间 10 公分的地方，用大拇脚指肚轻轻点地，同时配合呼气一次。如此重复前进 10 分钟，上后脚，做中丹田一开合，换右脚如上法，再走 10 分钟，上后脚松静站立，做中丹田三开合，接着做三步功。

二步功（以出左脚为例）迈步、呼吸、点地示意图如下。

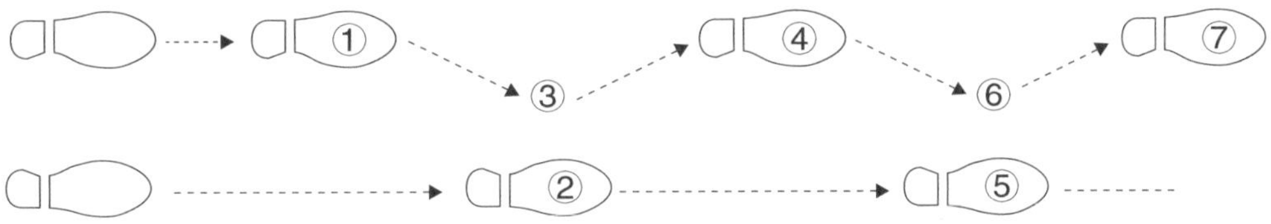

三、三步功

三步功就是走三步，用脚尖点地一次，配合一个“吸—吸—呼—”和一个自然呼吸。

具体操练法是（以先出右脚为例）：右脚向前迈出一小步，脚尖翘起，左手在中丹田，右手在胯旁，脚跟着地的同时用鼻配合吸气一次，重心前移，腰自然转动，两手也随之摆动；左脚向前方迈出一小步，这时右手摆至中丹田，左手摆至胯旁，脚跟着地的同时用鼻配合再吸气一次，重心前移，腰再自然转动，手配合摆动；右脚再向前迈出一小步，脚尖翘起，脚跟着地同时，用鼻配合“呼”气一次，呼的同时，重心前移，上身配合向左转腰 60° 左右，转头 60° 左右，两手也随着摆动，右手摆至中丹田，左手摆至左胯旁；再把左脚慢慢提起，在原地用大拇脚趾肚轻轻点地，点地同时用鼻配合自然呼吸一次。这是一个三步点。再重复上述动作，左脚抬起向前方迈出一小步，脚跟着地同时用鼻配合吸气一次，重心前移，腰自然转动，手配合摆动；右脚再迈出一小步，也是脚跟着地，同时用鼻配合吸气一次，腰自然转动，手配合摆动；左脚抬起迈出一小步，左脚跟着地的同时，用鼻配合呼气一次，同时重心前移，腰向右转动 60° 左右，转头 60° 左右，手也配合摆动，左手摆至中丹田，右手摆到右胯旁；再把后脚轻轻抬起，在原地用大拇脚指肚点地一次，配合一次自然呼吸。就这样反复前进，行走 20 分钟左右收功。休息 15 分钟左右再操练其他功目或结束练功。

三步功（以出左脚为例）迈步、呼吸、点地配合图如下。

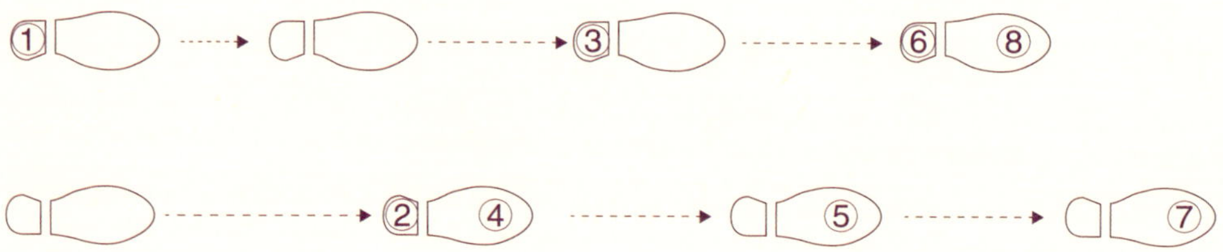

操练点步功注意事项：

1. 掌握要领。走小步、慢提脚、轻点步、转腰转头超过 90° ；做到松透、点住，百会朝天。

2. 练点步功时，可以把一、二、三步功连起来练，每步功之间做中丹田三开合即可，然后收功结束练功；体力不好也可以分开练，每个功法练 15 ~ 20 分钟，也可以少练一点，能练多少时间都可以，但要循序前进，逐步达到功法要求的时间。

3. 有心脏病的患者，在练点步功时，呼吸要轻一点，并且在脚点地时，两手的中指、无名指轻轻点一下内劳宫穴；有严重心脏病的患者，也可以不练点步功，如果练可不用风呼吸，改用自然呼吸。

第五节 定步功

定步功

定步功是采用中度呼吸法，在原地运动的功法。定步功可以防癌，预防感冒，治低烧并消除炎症。

具体操练法（以先出右脚为例）：做完预备功，点右脚起步，向前迈出一小步，脚跟着地之后慢慢放平，重心前移，上身和手随之摆动，转腰转头，调整左脚成为斜“丁”字步最舒适的位置，上身慢慢转回来，手也跟着摆动回来，右手摆至中丹田，左手摆到左胯旁，做好练定步功的准备。

开始翘起右脚尖，坐胯松腰，用鼻吸气两次，同时重心前移；再用鼻呼气一次，同时向左转腰 45°，转头 60°左右，右手摆到中丹田，左手摆到左胯旁，身体重心完全放在前脚，后脚跟自然抬起。然后，重心慢慢往后做一次自然呼吸，同时上身慢慢转回正面，左手随之摆到中丹田，右手摆回右胯旁，这是一次。重复做九次后，上后脚成松静站立姿势，做中丹田一个开合，再换左脚点地出脚，调整成斜“丁”字步，按上述要求做九次。两脚各做九次这叫一轮。上后脚成松静站立姿势，做中丹田三开合，接着做下一轮，共做三轮。上后脚站好成松静站立姿势收功，结束练功。

（以左脚为例）定步功一次动作配合图表如下。

前脚	脚尖翘起	放平	仍放平
后脚	放平	脚跟自然抬起	放平
腰、头	在正位	转腰转头	转回正位
呼吸	吸吸一	呼——	平（自然呼吸一次）
摆手	右手在中丹田 左手在左胯旁	右手在右胯旁 左手在中丹田	右手在中丹田 左手在左胯旁

动作配合的要领是晚翘脚尖、坐胯松腰、转腰转头、呼吸协调。其中脚尖晚翘是待上身转过来后，整个身体站稳了，翘脚尖，再坐胯松腰。

操练定步功注意事项。

（1）先出哪只脚，要因病而定。

（2）操练此功一般要求双眼轻闭，但初学者闭眼不舒适，也可睁着眼练，待适应后，再按此要求操练。

（3）除肾癌患者外，其他患者可以把两手放在肾俞穴上，做肾俞定步功。此功对于肾盂肾炎、肾虚肾亏、糖尿病、红斑狼疮以及高血压、冠心病等都有比较好的疗效。

（4）此功还可以根据不同人、不同病情，采用快速、慢速和中等速度进行操练。一般炎症较重的和有病灶的患者要采取快速的定步功。高血压、糖尿病、肾盂肾炎、肾虚肾亏、红斑狼疮的患者要采取慢速定步功，其他病可采取中等速度。快式定步功每轮次数可根据病人的病情和体力来决定。

第六节 升降开合功

升降开合

升降开合功是一种松静功，是一套具有很好疗效的独立功法，还可以做为其他功目的预备功或收功。升降开合功通过“升、降、开、合”四个形体动作，调动和增强人体内气的升降开合，调动和增强人体内的“精、气、神”。操练升降开合功，要求做到松静自然。在松静自然情况下，内气调动就比较多，对癌症的防治具有很好的疗效，此外，该功法对于心脏病和其他一些慢性病也具有比较好的疗效。

升降开合功包括 6 个动作：准备、上丹田开合、中丹田开合、下丹田开合、还原和方向转换，具体操练法如下。

一、准备

预备功做完后，眼睛不要睁开，升降开合整个操练过程都要求闭着眼睛做。以出左脚为例。重心移向右脚，左脚尖点地向前迈出一小步，脚跟着地，重心慢慢前移，脚掌着地，同时手和上身随之自然转动，后脚调整到最舒适的位置，两脚成斜“丁”字步，再慢慢转回来，重心移到两脚中间。

二、上丹田开合

两手慢慢向中丹田合拢，重心慢慢向前，中指相接，虎口向上。升——手慢慢升起，沿着任脉（胸腹的正中线）升到膻中穴（两乳正中间的穴位），变手指尖向上，继续升到印堂穴（两眉中间的穴位，即印堂穴里面的部位，我们称“上丹田”），合虚掌，合好后，后脚慢慢放平，重心慢慢往后，站稳了。开——在上丹田平线上分开，手心向外，开到略宽于肩，这时重心在后面。然后做上丹田的合 — 把手心转过来成手心相对姿势，再重心慢慢往前，两手慢慢合拢到上丹田。

三、中丹田开合

紧接上式降——重心慢慢往后，两手从上丹田慢慢沿任脉降下，降到膻中，变成虎口向上，再继续降到中丹田。中丹田开 — 手心向下，重心在后，沿着中丹田的水平线慢慢分开，略宽于肩，再转动手腕，两手心相对，沿着中丹田水平线合 —，同时重心慢慢往前，两手合至中丹田。

四、下丹田开合

紧接上式，两手中指相接，虎口向上，从中丹田沿任脉第二次升到膻中，重心在前，再第二次降，同时慢慢蹲下去，重心在两脚中间，注意松腰松胯，手慢慢降到下丹田（会阴穴）。再做下丹田开合，也是手心向下，沿着下丹田的水平线慢慢分开，略宽于肩，再放松并转动手腕，变成手心相对，再沿着下丹田水平线合至下丹田。

五、还原

接上式第三次再升——两手虎口向上，升到膻中，重心在前，再降，重心慢慢往后，手慢慢降到中丹田，再慢慢分开，手到两胯旁，还原了。

以上是升降开合。这是练功者检验指标在正常范围内的升降开合功法，也叫调整式升降开合。如果检验指标偏高，就要操练高指标的升降开合；如果检验指标偏低，就要操练低指标的升降开合。

1. 高指标的升降开合

与正常指标的升降开合有 3 点不同。第一，高指标的升降开合，升的速度快一点，升的高度不要超过“印堂”；降的速度要慢，指标越高降的越要慢。第二，高指标的升降开合，升的时候指尖向下，降的时候还是指尖向下。第三，高指标的升降开合，开的时候指尖向下，合的时候也是指尖向下。此外，其他做法与正常指标的升降开合要求一样。

具体操练法是（以出左脚为例）：左脚尖点地向前迈出一小步，脚跟着地，脚掌慢慢放平，重心前移，调整后脚成斜“丁”字步，身体慢慢转回来。两手指尖向下，向中丹田慢慢合拢，手心对丹田，升——速度要快一点，至膻中穴变手到印堂合掌，不要超过印堂，后脚放平重心往后，上丹田开，上丹田合。降——手心向下，要慢一点降，指标越高降越要慢，降到中丹田，中丹田开，中丹田合，开合时指尖也向下。第二次指尖向下升，升到膻中变成手心向下，第二次降——身体慢慢蹲下去，注意松腰松胯，重心移到两脚中间，手降到下丹田，指尖向下开，指尖向下合。第三次——指尖向下升到膻中，变成手心向下降，重心慢慢往后，手降到中丹田，指尖向下慢慢分开到两胯旁还原。

2．低指标的升降开合

与正常指标的升降开合有 4 点区别。第一，升的速度要慢，下降的速度要快。第二，升时手心向上（沿任脉升），降时也是手心向上（沿身体两侧阳经降）。第三，中丹田、下丹田开时手心向上，合时手心相对，指尖向前。第四，下丹田开合时，身体半蹲。此外，与正常指标的做法一样。

低指标的升降开合（以出左脚为例）的具体操练法是：左脚尖点地向前迈一小步，脚跟先着地脚掌慢慢放平，重心前移，调整后脚成斜“丁”字步，然后身体转回来。两手慢慢向中丹田合拢，中指相接手心向上，慢慢升，指标越低速度越要慢，升到膻中变手，即指尖向上。再升到略高于印堂合掌，后脚放平，重心往后，在印堂（即上丹田）“开”至略宽于肩，再转手心相对“合”到印堂穴。然后“降”，重心往后，两手分开且手心向后，从耳朵两边降下来，逐渐变手心向上从身体两侧降到中丹田。降的速度比升的速度要快。手心向上，在中丹田“开”，略宽于肩，手心相对“合”，重心往前；二次升时，手心向上，慢慢升到膻中；第二次降，身体半蹲，沿任脉手心向上降到下丹田，手心向上“开”，转手心相对“合”；第三次“升”，重心往前，手心向上，中指相接，慢升到膻中；第三次“降”，重心往后，手心向上从身体两侧，快一点降到中丹田，放松手腕还原。

六、方向转换

每做完一个升降开合，就要转换一次方向。根据病灶部位不同出脚的顺序不同，以前脚为转换的方向。现以出左脚为例。紧接（五）式，重心慢慢后移，前脚尖跷起，向左转 90° 放平，后脚调整成斜“丁”字步，再做第二个升降开合，然后依此法向左转，做第三个、第四个升降开合；做完了，上后脚成松静站立式，做中丹田三开合，然后右脚尖点地，向前迈出一小步，脚跟着地，脚掌放平，调整后脚成斜“丁”字步，做第五个升降开合。依前法右脚尖翘起向右转 90° ，依此转法，再做第六、第七第八个升降开合，然后右脚尖点地，向前迈出一小步，脚跟着地，脚掌放平，调整后脚成斜“丁”字步，做第五个升降开合。依前法右脚尖跷起向右转 90° ，依此转法，再做第六第七第八个升降开合。做完第八个升降开合后，上后脚成松静站立收功或接着操练其他功目。

升降开合功为四个方向八个升降开合，由正、反两轮升降开合组成的一套升降开合功。练功者可以根据自己的情况做两轮或四轮，每两轮之间做中丹田三开合换脚，最后结束再收功即可。

七、操练升降开合功注意事项

（1）肝胆、眼病的患者，要先出右脚，且脚尖点地，以调整肝经，再脚跟放平，重心前移，调整后脚成斜“丁”字步，第一个升降开合做完后，再翘起右脚尖向右转，转换方法都一样，但方向相反。

（2）女子月经期间不下蹲。

第七节 慢步行功

慢步行功

慢步行功是采用自然呼吸法，闭目慢行的功法，是慢性病人的主功。此功对高血压、心脏病、肠胃病、糖尿病、脑血管病等多种慢性病都有较好的疗效。癌症病人在恢复健康后的保健阶段也可练此功。

一、预备功

慢步行功的预备功，除了做简式预备功之外，还要做一套升降开合功，即四个方向八个升降开合。

二、正功

在做完预备功后，不睁眼睛，即闭目采用自然呼吸法，按自然行功的迈步法、摆手法向前慢慢行走（现以出左脚为例）。点脚起步，左脚向左前方慢慢迈出一小步，脚尖翘起，脚跟轻轻着地，稍作停顿；然后脚掌慢慢放平，身体重心逐渐前移，同时慢慢摆手，慢慢向右转身、转腰、转头；手随着慢慢摆动，左手摆至中丹田，右手摆到胯旁，也要稍作停顿。上身再慢慢转向正前方，慢慢提起右脚，向右前方慢慢迈出一小步，脚尖翘起，脚跟着地稍作停顿；然后脚掌慢慢放平，身体重心逐渐前移，同时慢慢摆手，慢慢向左转身、转腰、转头，手随着慢慢摆动，右手摆至中丹田，左手摆到胯旁，如此反复前进，动作要柔和，幅度不要太大，要做到松静自然，心安神静，呼吸平稳。一般行走 35 分钟左右，每分钟行走 2 ～ 3 步为宜，然后做复式收功。

三、复式收功

1. 三个不下蹲目不转方向的升降开合

按病种出脚，以出左脚为例。出左脚，调整后脚成斜“丁”字步，做法与第六节升降开合功做法相同，只是“下丹田”开合时不下蹲。连做三个，接着做揉球。

2. 揉球

（1）三前三后。身体重心前移至中间，两手内劳宫相对，慢慢向“中丹田”

方向合拢，到两手相距 8 寸左右，开始揉球。癌症病人先向里揉，即由上向里，由下向外揉；慢性病人先向外揉，即由上向外，由下向里揉；稍揉片刻，身体重心慢慢往前，后脚跟抬起心里默数 1、2、3（约每秒一个数），再重心慢慢往后，前脚跟抬起，心也默数 1、2、3，如此反复做三次。

（2）三左三右。身体重心慢慢往前，后脚跟抬起，上身慢慢向左转 60°，手随着上身也转动 60°，默数 1、2、3。然后上身慢慢转向正前方，身体重心逐渐向后移动，上身慢慢向右转 60°，手也随着上身向右转动 60°，前脚跟抬起默数 1、2、3，身体再慢慢转向正前方，身体重心回到中间。如此反复做三遍。

（3）三放球。两手慢慢捧球，手心向上在“中丹田”前一放球；轻轻将球向上抛起，身体重心稍稍前移，两手慢慢升至“膻中”二放球；轻轻将球向上抛起，身体重心继续前移，后脚跟抬起，两手慢慢上升至“印堂”三放球；轻轻将球向上抛出，上后脚，两脚平站与肩同宽，两手心相对，慢慢在“印堂”前合拢，两手慢慢下降至“膻中”，变成中指相接，虎口向上，手心对“膻中”，两手继续下降至“中丹田”，按男左女右“劳宫”重叠轻轻放在中丹田上。

3. 揉腹（以男士为例）

左手在下，右手在上，围绕气海穴作环行揉转，左上、右下转圈，一圈比一圈大，共转九圈，上不过“膻中”穴，下不过“曲骨”。两手到达“膻中”换手，右手在下，左手在上，从左下、右上围绕气海穴作环行揉转，一圈比一圈小，共九圈，最后在“气海”穴稍停片刻，换手，左手在下，右手在上。

4. 三个气呼吸

呼——，吸——，平——。重复三次。

5. 点穴回气

两手慢慢离开“气海”，中指相接，虎口向上（按正常指标），慢慢升至“膻中”变指尖向上，手心向内继续升到“印堂”，两手向左右分开至太阳穴两侧，变手心相对半握拳，中指和无名指轻点“内劳宫”三次，每点一次稍停片刻再松开。

三次点完后，两手慢慢向“印堂”合拢，同时慢慢松开手指，中指相接，虎口向上，慢慢下降至“中丹田”，两手慢慢分开成松静站立状态，约站 5 分钟，有口水分三口咽至“中丹田”，咽完口水，站够时间，放下舌头，慢慢睁开眼睛，恢复自然状态结束练功。

四、操练慢步行功注意事项

（1）慢步行功是治疗各种慢性病的主功，在操练时切忌急于求成；必须听其自然、顺其自然，才能真正做到松、静、自然。

（2）慢步行功顾名思义就是要慢，而不是要快；一般患者初练慢步行功时，以每分钟走三步左右为宜。

（3）慢步行功除预备功和收功的气呼吸外，全过程都采用自然呼吸法。

（4）在揉球全过程中，两手揉球动作，都要保持在中丹田前，而且这个球是假设的或者说是意念中的八寸左右的氢气球，如果用力就压扁了，完全不用力就跑掉了。所以一定要轻轻地、慢慢地抚摸、揉转，还要注意是用手腕揉转，切不可用上臂、前臂揉转。

五、在慢步行功的操练中的定题、选题、守题、放题问题

（1）定题：练功中意念一个简单而稳定的词语为题，如练功健康、练功战胜疾病等，使意念集中在这个“题”上，这叫“定题”。

（2）选题：练功者单靠“定题”不能排除杂念时，就需要选择某一事物作为自己练功过程中思维活动的唯一内容，这叫“选题”，选题应在练功前一天就考虑好。

怎样才能选好合适的题呢？

首先，选题要考虑病情、检验指标的高低。高指标，如高血压、青光眼、眼压高患者，就要选低于膻中穴的题，如地上的花草等。低指标，如低血压及内脏下垂等患者，则应选择高于印堂穴的题，如树梢。血压正常的患者，则可选与印堂穴相平位置的景物。

其次，选题要考虑病位与景物颜色的配合。肝脏有病，应选择温和平淡之题，如绿色的树木、草地等；心脏病患者应避免大红等触目刺眼的颜色，可以选择紫红、淡红色的景物，如红苹果、玫瑰、荷花等；肺病选白色景物；脾脏病选黄色；肾脏病选黑色。多种病应以主病选题。

选题内容要简单且稳定，选题时必须掌握以下几个原则。

首先，选近不选远。选的内容不能距练功地点太远，一般说，如果在公园练功，选题以不出公园而在自己面前的景物为好。

其次，选静不选动。一切能引起兴奋的题均应避免，如风摆杨柳、波涛翻滚等都不合适，而平静的湖水、屹立的青松，则都是较好的题材。选题还应避免容易引起七情干扰的景物或事物。

最后，选外不选内。要选体外的题，不选自身上的某个部位。只有在病情基本好转，全身都能放松以后，才可以守中丹田。

在练功过程中不要任意换题，直到不能起到集中意念作用再换新题。

（3）守题：必须做到“一聚一散，似守非守，若有若无”和“不盯、不抓、不追”。

“一聚一散”即练功时要求无杂念，若出现杂念，就要用有意识地把意念集中于“题”的办法来排除杂念，这就叫做“聚”。若杂念已去，就要把意念松一松，把“题”放一放，有意识地不想题，这就叫做“散”。对“题”想一想、放一放，这就叫做“一聚一散”。

“似守非守”即“聚”时不能对“题”想得太紧，“散”时也不能把“题”完全放掉，要保持又像想着题又像没想题的状态，才能松静下来。

“若有若无”即练功过程中思想上又像有“题”又像没有“题”。这样才能自然地保持入静状态，即保持既不兴奋又不昏睡的状态。

“不盯、不抓、不追”即守题时是把全部思想感情都放在题上，但想题不是把视线落在题的形象上，实际上前方什么也没有。如选一个苹果，不能把这个苹果的形象放在眼前，只是思想上有苹果，眼睛并没有看着苹果。如果守不住而跑了题，就暂时让它跑一跑；如果杂念来了，你还可再“聚”呀！总之，不要勉强用意念紧抓不放或勉强去把它追回来，否则会引起头痛、头胀、头晕、心慌等不适。

（4）放题：转意念就是把“题”放掉，这个意念活动的转换，是由三个不转方向的、不下蹲的升降开合来协助完成的。当做第三个升降开合时，借开的动作放题，借合的动作将意念转回中丹田。

附录

推荐郭林新气功习练点